占い師「売卜先生」の講話

孝行と信義のすすめ

恩田 満

大学教育出版

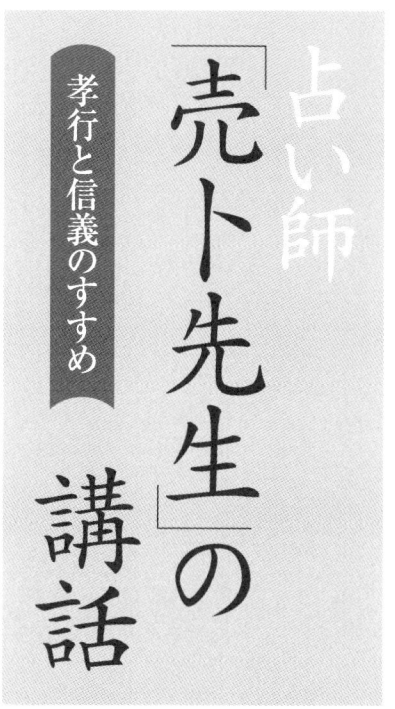

はじめに

社会が進歩するとはどのような状態になることなのだろう。人々の生活水準が上がり物質的に豊かになることであろうか、科学が発達し文明が進歩することであろうか。もちろん、そのいずれもが社会進歩の現れではあろう。人間は太古の昔から、不便で貧しい生活からの脱却を求め続けてきた。先人たちのたゆまざる努力の結果、現代に生きるわれわれは、たしかに快適で豊かな生活を手にすることができるようになった。しかし、こうして獲得してきた物質的な豊かさと、人智を傾けて手に入れた文明がほんとうにわれわれを幸せにしてくれているのだろうか。

今の日本は金が世の中を動かしている。社会の隅々に至るまで、金で職を得ようとする者、金で出世を謀ろうとする者、金で権力を手中にしようとする者たちであふれている。現代社会には物質主義・拝金主義が蔓延している。物質主義は人間の暮らしぶりを華やかにし快適にもしたが、同時に、先を争って利欲に走る人間の浅ましさも露呈した。利欲心は人を平然と傷つけ欺く結果につながっている。欲望の泥沼に引きずり込まれて、精神を荒廃させた人々の例は、枚挙にいとまないほどである。

現代社会の状況は、江戸期の汚職と腐敗にまみれた田沼意次の時代と酷似している。かつて、田沼は金融の自由化を図り、長崎貿易の振興に乗り出した。また、大商人の資金を積極的に活用して、次々に大規模な土木工事に取り組んでいった。その結果、農村にも商品経済・貨幣経済が浸透し、都市では華やかな消費文化が生まれた。一方では、幕府の役人による汚職事件、金銭や縁故による不明朗な人事などが横行し、贈収賄は半ば公然と行われていた。さらには、天明の大飢饉、浅間山の噴火、江戸の大洪水などの自然災害が相次いだ。その結果、庶民の不満が全国的に高まり、各地で一揆などが頻発するようになった。

『売卜先生糠俵』は、このような時代を背景に上梓された。著者の虚白斎は、物質中心・経済中心であった社会を問題視して、人々が人間性と精神の豊かさを取り戻すことを促そうとした。そこで、古いと見なされがちな儒教・道教の教えに目を向けて、そこから親子や家族のあるべき姿を見いだそうとした。また、人としてどう生きるべきかを庶民にもわかりやすい形で、具体的な例を挙げながら説こうとした。とりわけ、「孝行と信義のすすめ」を中心に据えて、古今の豊かな知識を縦横に駆使しながらこの書をまとめたのである。

「温故知新」という言葉が『論語』にあるが、その「古きをたずねて新しきを知る」ことの大切さは、虚白斎の当時も生きていたが、現代社会でも生きているはずだ。われわれもまた、古い時代で大切にされたものを新しい時代に生かしつつ、人間性を取り戻すための努力をしなければならない。そこで筆者は、今まであまり注目されずにいた『売卜先生糠俵』という作品のすぐれた内容を世に広めようと、これを翻刻し注釈・解説を加えて出版することにした。虚白斎が訴えかけた願いが、この書を通じて、現代の人々の心に少しでも届くことになれば、筆者にとっても望外の喜びである。

二〇〇八年九月

著者

凡例

一　通読の便を考慮して、各講話に漢数字で番号を付けるとともに、必要な濁点を付し、送り仮名や句読点を加えた。
二　会話・心中話は「　」や『　』を用いて示した。また、講話の語り手と相談者との会話が入れ替わるときは、その度ごとに行を改ためた。
三　翻刻に際しては原則として現在通行の字体に拠り、常用漢字表にある漢字についてはその字体を使用した。なお、明らかな誤字と思われるものは、正字に改めた。
四　副詞・接続詞・代名詞などは読解の便を考えて、その多くを平仮名表記に改めた。
五　漢文体の語句や文については、漢字・仮名まじりの書き下し文に改めた。
六　底本に付されたルビは、不必要と思えるものや繰り返されているものは削除した。助動詞の「也」と助詞の「歟」は、それぞれ「なり」、「か」と改めた。
七　底本の本文を訂正した場合には、本文の後に付けた【校異】に明記し、原態が解るようにした。
八　底本の仮名遣いが歴史的仮名遣いと一致しない場合は、読み仮名（ルビの部分）を含めて、歴史的仮名遣いに改めた。

九　底本にある漢字で表記が複数あるものは通行の漢字に改めたが、当て字は原則としてそのままとし、読み仮名を付した。

十　【注】は解釈を中心とし、語句の原典や引用句の説明は最小限にとどめたが、それらについては【解説】の項で詳しく述べた。

十一　【校異】のページは通し番号としたが、行数は各講話ごとの本文の行数番号とした。

解題

『売卜先生糠俵全』は、虚白斎と号した鎌田一窓の処女作と目されるもので、安永六年に二条通り麩屋町東口入町の山本長兵衛、新町高辻上ル岩戸山町の京都書林の海老屋弥兵衛らにより、木版本として上梓されたものである。対象とした読者は、仮名文字が読める程度の一般的な庶民であろうが、道徳の書として寺子屋の教科書としても使われたことが推測される。「序」の冒頭に「無何有の郷」とあるばかりでなく、随所に『老子』・『荘子』の引用など、道教の影響が見受けられるが、この著作では、『論語』、『孟子』、『孝経』などに見られる儒教の道徳観、とりわけ「孝」が中心となっている。また、仏教や神道の影響も散見される。さらには、虚白斎の師、手島堵庵の著書、そのまた師である石田梅岩の『都鄙問答』からの引用も少なくない。また、『徒然草』の影響を受けたと思われる箇所もある。そうした点からすると、これは儒教・道教・仏教・神道の思想に加えて、多くの書物からの影響が見受けられるので、各種の思想が混在した道徳書ということができよう。なお、文章は上方の話しことばを中心とした当時の口語文を中心としているが、文語文で書かれた箇所も少なくない。いわば、口語と文語との複合文体で書かれた書物といえよう。語彙は上方の語を中心としており、江戸の言い回しとは異なる表現が多い。

本作品は二十三の講話から成っているが、そこに登場する人物はすべて一般の庶民であり、資産もなく身分もなく学問もなく、身の不運・不徳を嘆く者たちばかりであった。彼らはさまざまな疑問や悩みを抱え、著者の分身と思われる売卜先生（翁）に相談に乗ってほしいとやって来た。翁がそれらの相談に乗るという形でこの講話は進められるのだが、ほとんどの場合、彼らの相談に対して翁が一方的に答えるという伝授形式になっている。虚白斎が用いたこの伝授形式は、梅岩の『都鄙問答』や堵庵の『座談随筆』『知心弁疑』『朝倉新話』などに見られる問答形式の一部を踏襲したものといえようが、「翁」による一方的な伝授や諭しが中心となっており、前記の梅岩や堵庵などの対話と問答を中心とした作品とは話の運び方が異なっている。なお、この著作にある講話や相談内容の概略は以下の通りである。

序

一　若い娘が自分の結婚問題について両親と意見が違うので、どうすべきかを尋ねる。
二　小糠商売をする人がその不振を嘆き、商売替えの是非について翁と相談する。
三　老人が自分の寿命について占いを請うが、翁は天命の意味について語る。
四　不吉な夢ばかり見る人がその意味について翁に占ってもらおうとする。
五　何の楽しみも持たない武士が、何を楽しみにして生きればいいか相談する。
六　奉公先の金を使い込んだ若い男が、追っ手のかからない方角について尋ねる。
七　腕白な子どもを持つ母親が、息子の将来について翁に占ってもらう。
八　親孝行と自負する按摩が、いつになってもほうびが出ないと不満をもらす。
九　商家の主人とおぼしき者が、紛失した金子の行方を占ってもらおうとする。
十　ただ同然の百病の薬があると聞いた人物が、その効能などについて尋ねる。

十一　提げ物を落とした人物が、落とした場所について占ってもらおうとする。
十二　かぐわしいものに心ときめくという人に、翁が美しいもののはかなさを説く。
十三　刀剣の珍しい飾りを求める武士に、翁は一つの欲が次の欲望につながると諭す。
十四　金のなる木の作り方を尋ねる人物に、翁は貪欲を退けて足ることの大切さを説く。
十五　酒飲みが酒の損益について尋ね、翁が酒のもたらす種々の害について深く語る。
十六　学問のない男が進むべき道を尋ねるが、翁は孝行が人として進むべき道だと説く。
十七　時節が悪く生活が厳しいと嘆く男に、翁が分際を知ることの大切さについて語る。
十八　ある男が短気の治し方を尋ねるが、翁は人を怒らせないように修行せよと諭す。
十九　姑に憎まれた嫁が尼になろうか死のうかと嘆くが、翁は姑に気に入られよと諭す。
二十　ある男がどの神仏に願を掛ければよいか尋ねると、翁は誠の道を進めと語る。
二十一　ある武士が朋友との金銭の貸し借りの悩みについて、翁に占ってもらおうとする。
二十二　弟の不真面目さを怒る兄が義絶を相談するが、翁は親の心で世話をせよと諭す。
二十三　ある男が化け物の存在を尋ねるが、化け物はすべて心の迷いだと翁は答える。
跋

占い師「売卜先生」の講話

―孝行と信義のすすめ―

目次

売卜先生糠俵
ばいぼくせんせいこめぬかだわら

序

①無何有《むかゆう》の郷に翁あり。②売卜先生といふ。終日《ひねもす》③舌を耕せども、④身に培《つちか》ふにもあらず。⑤子に対しては孝を述べ、臣に会うては忠を説けども、自ら行ふこと⑥能《あた》はざれば、⑦陰陽師《おんやうじ》身の上知らずと⑧いふもむべなり。⑨もとより不学者、論に負けず、⑩口あるままに⑪実も無い事を言ひ散らせば、⑫糠俵と題してその⑬口を緘《かが》りぬ。

⑭安永六年丁酉《ひのととり》五月

⑮虚白斎

注

①無何有の郷…無為にして自然なる郷。「無何有」は、自然そのままで、何らの作為もないこと。荘子の唱える理想郷。「むかう」とも読む。**【解説】**参照。

②売卜先生…報酬を得て吉凶などを占う者。この作品の著者の雅号の一つでもある。

③舌を耕せども…占いや講義などの弁舌によって生計を立てるが。「舌を耕す」は舌耕のこと。

④身に培ふにもあらず…わが身の素質や能力を伸ばすことでもない。「培ふ」は「耕す」の縁語。

⑤子に対しては孝を述べ、臣に会うては忠を説けども…子どもたちに対しては親孝行の大切さを述べ、君主に仕える者たちに出会うと忠義の絶対性を説くが。『文章規範』（李泰伯「袁州学記」）に「臣と為りては忠に死し、子と為りては孝に死す」とある。なお、狂歌にも「忠々と雀がなけば孝々と烏がふれて廻る毎朝」という鳥の比喩を使って忠孝の勧めを説いたものがある。

⑥能はざれば…できないので。不可能なので。【解説】参照。

⑦陰陽師身の上知らず…陰陽師は他人のことは占ってわかるが、自分の運命についてはわからない。「陰陽師」は、律令制で中務省に属し、天文・気象・暦数に関することを扱った陰陽寮の職員であったが、中世以降は、民間にあって加持祈祷や卜筮を行った者の総称。「陰陽師身の上知らず」は巷間に伝わる言い回しで、浄瑠璃『百合若大臣野守鏡』や人情本『春色

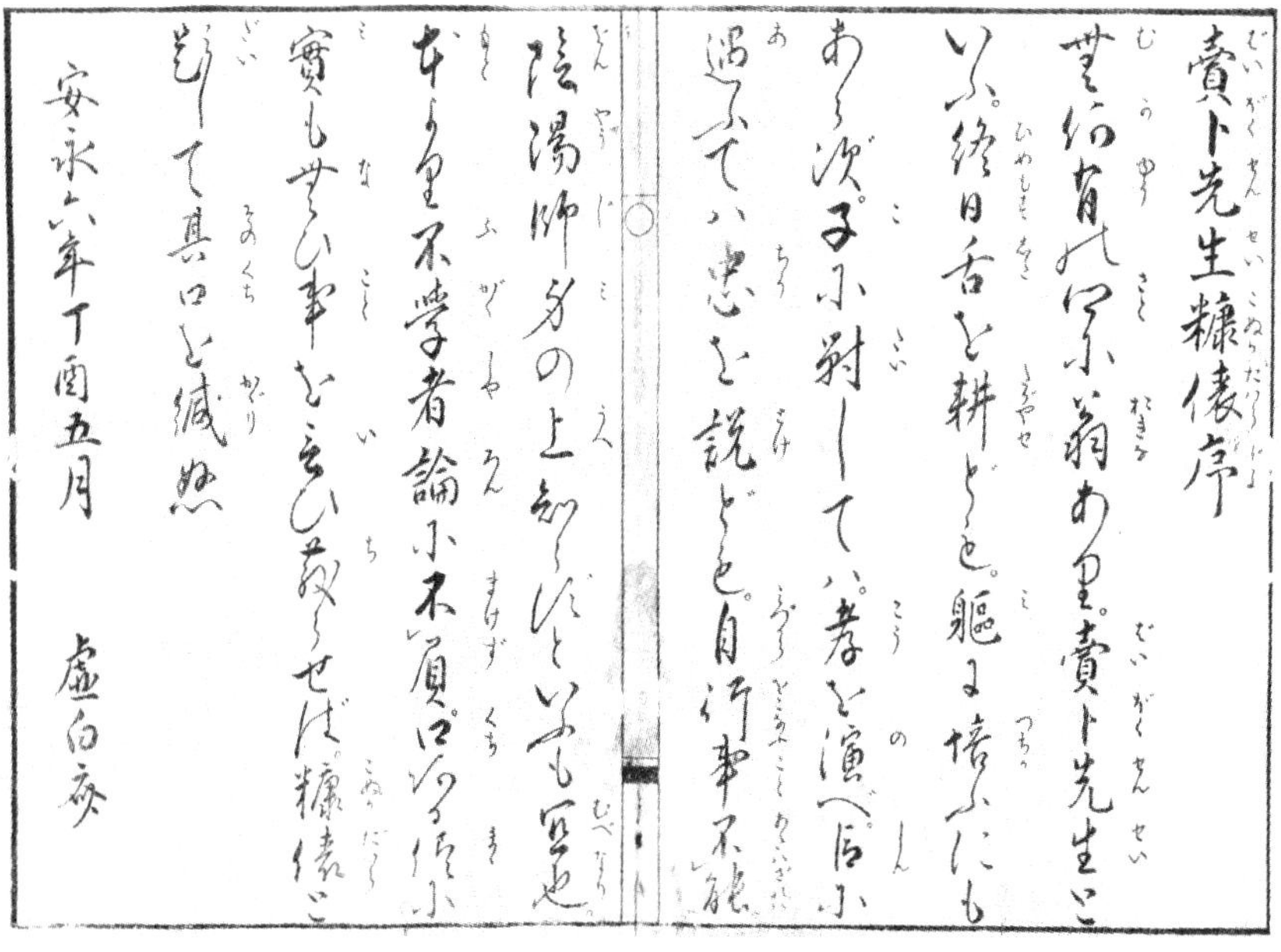
賣卜先生糠俵序
無何有の郷に翁あり。賣卜先生と
いふ。終日舌を耕せども、躯を培ふにも
あらず。子に對しては孝を演べ、臣に
遇ふては忠を説けども、自行事不能
陰陽師身の上知らずとや宜なる
かな。不学者論に不屑、口の傍に
實もなき事を云ひ散らせば、糠俵と
號して其口を緘ぬ
安永六年丁酉五月　虚白斎

底本の転載

辰巳園』にも同じ表現がある。
⑧いふもむべなり…言うのももっともだ。言うまでもないことだ。
⑨もとより不学者、論に負けず…自分はもともと学のない人間であるが、論では負けないという。
⑩口あるままに…話をする口があるので。
⑪実も無い事…中身がないこと。値打ちがないこと。「糠」の縁語。
⑫糠俵…ここでは、たいした価値のない書物の意。「糠俵」は飼料として用いる糠を詰めた俵。
⑬口を緘りぬ…（糠俵の）口を閉じた。すなわち、言いたいことのすべてを言い尽くした。あるいは、口に出してはものを言わないが、そのかわりに書物として上梓すると解することもできる。
⑭安永六年丁酉五月…一七七七年五月。
⑮虚白斎…鎌田一窓の雅号。他に「売卜先生」「卜翁」の号がある。紀州・湯浅の人で医を業としたといわれるが、早くから、石田梅岩の高弟、手島堵庵と斉藤全門について心学を修めた。口べたであったが、博識であり、とくに文学に精通していた。著書は他に『売卜先生 後編 上・下』・『寝覚絵姿』・『雨のはれ間』・『目の前』などがある。

校異

二頁　二行目「会うて」←底本は「遇ふて」、三行目「無い事」←底本は「無ひ事」

解説

冒頭の「無何有の郷」については、『荘子』（内篇・逍遙遊篇・第一）にこの語が見られる。「無用の用」を説いた一節で、一見無用とされているものが、実は大切な役割を果たしていることが述べられている。それは次のような内容である。

　ある時、荘子の友人である恵施が荘子に向かって、「私の家に大木があるが、人々はこれを樗《ちょ》と呼んでいる。その太い幹には瘤があって、墨縄（材木に直線を引くのに用いる糸）の当てようがない。また、小枝は曲がりくねって、規矩（寸法や角度を測る道具）も役に立たない。だから、この木を道端に立てておいても、大工は振り向きもしない」と語った。

　それに応えて荘子は、「今、子《し》は大樹を有して、その用無きを憂ふ。何ぞこれを無何有の郷、広莫の野に樹《う》ゑ、彷徨としてその側らに無為にし、逍遙としてその下に寝臥せざる。斤斧に夭せられず、物の害する無き者は、用う可きところ無きも、安んぞ困苦すること有らんや」と反論した。

　すなわち、「あなたはせっかくの大木を持ちながら、それが役に立たないのを気にしていらっしゃる。それなら、どうして無何有の郷の広漠として果てしない野原にその木を植え、あたりを彷徨しつつ無為に過ごし、悠々自適して昼寝でもしないのですか。そうすれば、この樗の大木のように、斧やまさかりで切られることもないでしょう。危害を加えられる心配のないものは、役に立たないものであっても、少しも困ることはありません」と荘子は答えたのである。

　また、同書「内篇」（応帝王篇）には、

　　予方将与造物者為人。厭則又乗夫莽眇之鳥、以出六極之外、而遊无何有之郷、以処壙埌之野（わしは造物者と仲間になろうとしているのだ。それに飽きれば、さらにあの極みのない天に羽ばたく鳥の背に乗って、天地四方の外に飛び出し、何物も存在しない所に遊んで、果てしない広々とした曠野を住みかとするつもりだ）、

ともある。それは、人為を超越した何一つ存在しない里に遊んで、虚無の世界を自由きままに楽しむことを説いたものである。

虚白斎は、自分を「無何有の郷の翁」とし、世間的に見て無用の人間であるが、かえって、そういう人間の方が真実の人生を語ることができるし、人々の役に立つことができると謙遜しつつも自負している。この「序」は、謙遜と卑下に終始しているように見える。題名の「糠俵」という語も、糠は米の果皮でたいした値打ちがなく、それを入れる俵もあまり価値がないものだということを意味している。そのように、これはたいした価値のない書物であると謙遜している。また、虚白斎は、自身と自著に対して、「身に培ふにもあらず」、「自ら行ふこと能はざれば」、「陰陽師身の上知らず」、「もとより不学者」などと、否定的な表現を繰り返している。だがこうした謙遜の裏には、さまざまな知識と経験に裏打ちされた、並々ならぬ虚白斎の自負が存在しているものと見なければならない。

なお、この「序」には、『売卜先生糠俵』を書くに至る動機が「子に対しては孝を述べ、臣に会うては忠を説けども…」と述べられているが、ここには当時の「忠孝」を重んじた世相の反映がある。ただ、忠孝のいずれが重いかという点については、時代によっても異なるし、置かれた立場によっても異なるので断定はできない。たとえば、鎌倉時代に書かれた『平家物語』では、平重盛が父の清盛の暴挙をいさめたときの「忠ならんと欲せば孝ならず、孝ならんと欲せば忠ならず」ということばが知られているが、この一節では、二つの道義の間に揺れる重盛にとっては、忠孝のどちらも同じような重さを持っている。まさに、進退窮まった状態になっている。

江戸時代でも武士の場合は、主君に対する没我的な献身があるべき姿として賞讃され、「忠」が武士道の基本として重んぜられた。山本常朝の『葉隠』には「武士道と云《いふ》は、死ぬ事と見付《みつけ》たり」とあり、徳川三代の将軍に仕えた大久保彦左衛門は「此君《このきみ》ニハ、妻子ヲ帰りみず（妻子を顧みず）、一命ヲ捨テ屍ヲ土上ニサラシ（一命を捨てて亡骸を土の上にさらし）、山野ノケダ物ニ引キチラサル、トモ（山野の獣に食い散らされたとしても）、何カハ惜シカランヤ（何の惜しいことがあろうか）」と述べた。この両者に見られる忠義心は、儒教の唱える義理や分別に基づく冷静なものとは異なり、主君への恩義に命を掛けて報いるという人情的・献身的な精神によるものである。武士道の世界では、当然のことながら、「孝」よりも「忠」が重んぜられていたのである。

中国にも「忠孝両全」や「忠孝双全」ということばがあるが、これは、忠義を尽くすことは孝行につながり、孝行を尽くせば、忠義にもつながり、双方が全うされることになるという意味を表すもので、どちらに優先順位があるかを判断するには微妙なところがある。

しかし、儒教の教えによると、『孝経』（士章・第五）では、

資於事父以事母、而愛同。資於事父以事君。而敬同（父への情愛の気持ちで母に尽くすとき、その愛は共通している。また、父への尊敬の気持ちで君主に尽くすとき、その敬は共通している）、

と説かれている、また、同（広揚名・第十四）にも、

君子之事親孝。故忠可移於君（教養人が親にお仕えするときは孝である。敬愛は忠孝に共通するので、孝であればそのまま忠に移り、君主にお仕えすることができるのである）、

とある。すなわち、孝が忠の基盤になっているのである。そもそも、親子というものは切ることのできない血縁関係によって成り立っており、運命的で絶対的なものである。一方、君臣の関係は主君と臣下の間の道義的な約束事によって成り立っており、主君がその「契約」を破棄することはもちろん、家臣が「解任」を申し出ることも可能だったので、いわば、両者による相対的な契約関係であるといえよう。したがって、親子関係の道徳である「孝」が、君臣関係である「忠」よりも基本的なものとして重んじられていたといってよいであろう。とくに、この著作は町人たちやその子女を対象としたものなので、忠よりも孝を重んじる傾向が顕著なのである。

一　①売卜先生、席を改め、「一番は誰じや」

「私は縁組の事に付き御占ひが頼みたし」

翁、②算木を投げて曰く、「③望み人は二人、望まれ人はひとり。一方は④男に不足なけれども、外の事に少し言ひ分。また一方は外に言ひ分なけれども、男振りが少し劣るか」

女の曰く、「⑤さてさてきつい見通し、⑥さた仰せの通り。一方は器量に不足なけれども、親達は昔かた気。暮し方が上過るの、格式が能《よ》う過ぐるの、何の角《かの》と申されます。又一方は諸事質素倹約を守る家。親達はこの方を望みなれど、器量は⑦さほどにござりませぬ」

翁の曰く、「親達は何といふぞ」

「はい。親達は質素な方を望みなれど、私が顔を見て、『⑧縁の道ばかりは押付けられぬ。そなたの心次第』と有る故に、私も心迷ひ、占ひに任する気」

翁、⑨目に角《かど》立てて曰く、「⑩卜は以て疑ひを決す。疑はずんば何ぞ卜せん。同じ路二筋有つて、問ふ人も無く知らざるときは占うて天に任す。一筋道にトは⑪入らぬ。この縁組に⑫畳算《たたみざん》も入る物か。縁の道ばかりは押し付けられぬなど丶は親達も親達。育てが悪い。汝も嫁入りせば、子を持つて思ひ知れ。親の子を思ふ事、仮初《かりそめ》ならず。我がなき後にも、⑬兎《と》有らうか、角《かく》はあるまいかと末の末まで案じ置く。親の安堵《あんど》する方は娘の不機嫌。娘の好きなは親の気遣ひ。その所へは心の付かず。⑭鼻の先の男撰《えら》み、⑮腹筋がよれるわい。親の指図は天のさしづ。親に背くは天に背く。⑯何国《いづく》にて身の立つべきぞ。ことさら婦人は、尊きも賤しきも親に添ふ日の無数《すくなき》もの。故《かるがゆゑ》に尽しても尽

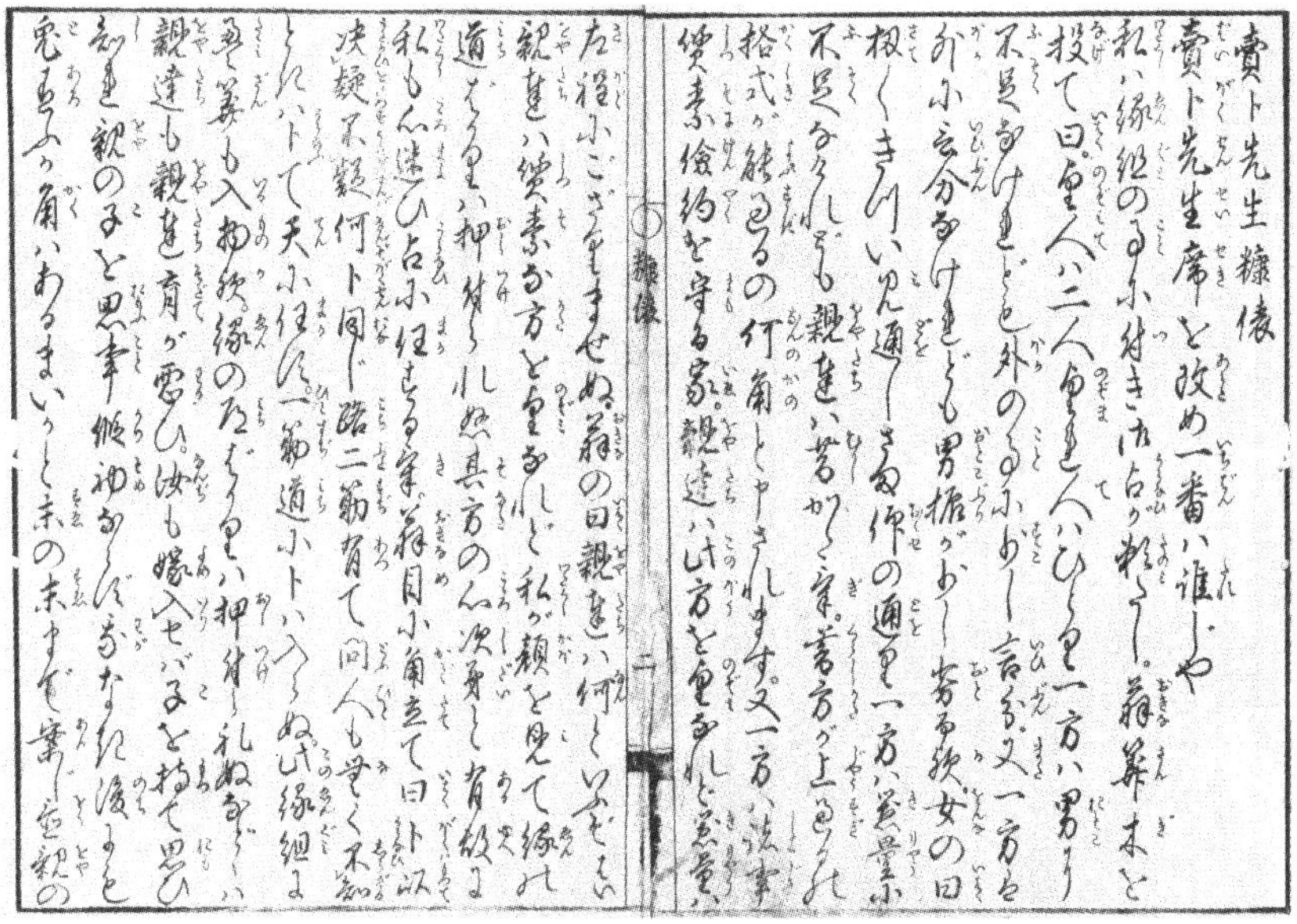

底本講話一

しても尽し足らぬは女の孝行。(17)嫁入りしては夫につかへ、夫の親に孝行尽し、老いては子に従ふ身。産みの親に仕ふるは僅《わづ》か十五年か廿年。孝行は足らずとも、親の望みの方へ行き、気を助くるがせめての孝行。洟《はな》もかんで涙も拭《のご》ひ、早く帰りて孝行尽せ」

注

①売卜先生、席を改め、一番は誰じや…講話の形式の一つ。種々の悩みを抱えた者たちが売卜先生（翁）に卜占を請うのに対して、「翁」が訓戒を与えるという形式で心学の教えを説く。だが、実際に占った上で答えるのではなく、持てる知識や経験をもとに諭す形式となっている。

②算木…卜筮の具。長さ十センチメートルほどの正方柱体の六本一組の木。「算木を投げ」たのは、相談内容の愚かさに、腹を立てているということを態度で示そうとしたからである。

③望み人は二人、望まれ人は一人…嫁にほしいと望む男性が二人、望まれる女性は一人。

④男に不足なけれども…男ぶりや器量に不足はないが。「男」は後出の「男振り」に同じ。

⑤さてさてきつい見通し…なんとまあみごとなご洞察。

⑥さた…評定、裁断、判断など。

⑦さほどにござりませぬ…たいしたことはありません。

⑧縁の道…結婚。結婚についてのこと。

⑨目に角立てて…怒りを含んだ鋭い目つきで。

⑩卜は以て疑ひを決す。疑はずんば何ぞ卜せん…占いはそれによって疑問な点を解くところにある。もしも疑問の余地がないならば、どうして占う必要があろうか。「何ぞ〜ん」は、反語表現。【解説】参照。

⑪入らぬ…「要らぬ」の意。

⑫畳算も入るものか…畳算も必要ない。「畳算」は婦女子が畳の上で是非や吉凶を占うもの。かんざしなどを畳の上に落とし、その落ちたところから畳の編み目を数えて丁・半で占う。丁（偶数）が吉で、半（奇数）が凶。「入る」は「要る」の意。「か」は反語。

⑬兎有らうか、角はあるまいか…そのようであろうか、このようではないだろうか。あれこれと。

⑭鼻の先の男撰み…目先のことだけ考えて結婚相手の男を決めること。

⑮腹筋がよれるわい…おかしくてたまらないわい。

⑯何国にて身の立つべきぞ…いったいどこで面目が立つだろうか、いや、立たない。これも反語表現。

⑰嫁入りしては夫につかへ、夫の親に孝行尽し、老いては子に従ふ身…竜樹が記した大乗仏教の百科全書『大智度論』に「女人之体、幼則従父母、少則従夫、老則従子」とある。のちに「三従の道」として巷間に伝わる。【解説】参照。

校異

八頁　一行目「縁組《えんぐ》」↑底本は「縁組《ゑんぐ》み」、二行目「男《をとこ》」↑底本は「男《おとこ》」、四行目「仰《おほ》せ」↑底本「仰《おお》せ」、「通《とほ》り」↑底本は「通《とほ》り」、「親達《おやたち》」↑底本は「親達《をやたち》」、五行目「能う」↑底本は「能ふ」、「過ぐる」↑底本は「過ぎる」、「家《いへ》」↑底本は「いゐ」、六行目「方《はう》」↑底本は「方《ほう》」、九行目「故《ゆゑ》」↑底本は「故《ゆへ》」、九頁　一行目「占うて」↑底本は「占

ふて」、四行目「悪い」↑底本は「悪ひ」、六行目「有らう」↑底本は「有ろう」、七行目「置《お》く」↑底本は「置《を》く」、
十頁　一行目「孝行《かうかう》」↑底本は「孝行《こうこう》」、「夫《をつと》」↑底本は「おつと」、「老いて」↑底本は「老ひて」

解説

翁は若い娘の結婚相談について、娘から明かされる前にその内容を言い当てている。占い師としての力量のある翁という筋書きで話は展開されていく。しかし、占いらしきものが登場するのは、この第一話と、第七話の子どもが手相を見てもらう場面だけである。なお、その両話とも、いわゆる卜筮などによる本格的な占いではない。そもそも、この著作は儒教の教えを中心としているので、孔子が「不占而已矣（占う必要はない）」と否定しているように、占いをするというポーズは、あくまで書名の『売卜先生糠俵』の「売卜」に合わせた形式的な行為に過ぎない。

「卜は以て疑ひを決す。疑はずんば何ぞ卜せん」は、『春秋左伝』（恒公十一年）で、楚の莫敖・屈瑕と、大夫・闘廉が交わす会話の中にある。戦いを前にして戸惑う屈瑕は「占ってみよう」と提案する。それに対する闘廉の答えが「卜以決疑。不疑何卜（卜は以て疑ひを決す。疑はずんば何ぞ卜せん）」というものであった。要するに、占いというものは迷いを決するときに使うもので、迷いもないのに占う必要はないということである。占いは、古代中国において盛んに行われており、「亀卜」と「筮」があり、重要な決定を下す占いには「卜（亀の甲羅を焼いて、そのヒビを見て吉凶を見る）」が用いられていた。

なお、【注】⑰に記した「三従の道」については、虚白斎の師、手島堵庵も女性や年少者用の講話『前訓』（女子口教）の中で、

女は順にして父母舅姑夫などにしたがひて何事もわれときまゝに取はからひせぬものにて候、此こと屹と御つゝしみなさるべく候。されば女は三従の道と申事の候。幼稚の時は父母に従ひ、嫁しては舅姑夫にしたがひ、老て夫なくなりて後は我子に従ふものなり、小学にも教へ給へり（女というものは、逆らわずおとなしく父母や義父義母そして夫などに従って、何事も自分で勝手気ままに取りはからったりしてはならないものです。このことは厳に慎みなさって下さい。それゆえ女には三従の道と申すものがあるのです。幼い時は父母に従い、嫁いでからは義父義母や夫に従い、年取って夫が亡くなった後は子どもに従うものなのです。『小学』でもそのように教えていらっしゃいます）、

と述べている。三従の道ということばは、儒教や仏教から生まれたものであるが、『小学』の他にも【注】⑰の『大智度論』、また、『近思録』（家道類）、『儀礼』（喪服）などでも繰り返し取り上げられている。こうした考えが生まれてくる大本には『易経』の影響があるものと推測される。『易経』は、孔子と曾子が交わした問答を収めたものだが、その「家人卦・第三十七」には、

女正位乎内、男正位乎外。男女正、天地之大義也（女は内にいて正しくその位置を守り、男は外に出て正しくその位置を守るべきものだ。男女がそれぞれの位置を正しく守っていくことが天地の間の大義である）、

とあり、女性が外に出ず家庭の中で家を守ることの重要性を述べている。ここで言う「大義」とは、女の場合、家事を重んじることを前提としつつ、従順に夫に仕えることであり、子を産み育てることであった。

また、貝原益軒もその著『和俗童子訓』（巻之五・女子に教ゆる法）で次のように述べた。

婦人には三従の道あり、凡婦人は柔和にして、人にしたがふを道とす。わが心にまかせて行ふべからず。故に三従の道と云事あり。是亦女子にをしゆべし。父の家にありては父にしたがひ、夫の家にゆきては夫にしたがひ、夫死しては子にしたがふを三従といふ。三の従ふ也。幼きより、身をおはるまで、わがままに事を行なふべからず。必ず人に従ひてなすべし（女性には三従の道というものがある。だいたい女性はやさしくおとなしくして、人に従うことを道とする。自分の心のままに行動してはならない。だから、三従の道という教えがあるのだ。また、次のことを女子に教えなければならない。父の家にいる間は父に従い、結婚して夫の家に入ったならば夫に従い、夫が死んだ後は子に従うこと、これを三従という。三つの従うべき道なのである。女性は幼い時から死に至るまで、自分勝手にことを行ってはならない。必ず人に従って行動しなければならないのである）。

この「三従の道」という考え方は、江戸時代の市民社会に広く伝えられていた。虚白斎はこれらのいずれかを踏まえて、「嫁入りしては夫につかへ、夫の親に孝行尽し、老いては子に従ふ身」と書いたはずだ。ただ、ここで一つ注目しなければならないのは、「老いては子に従ふ身」の意味についてである。「子に従う」は、すべての子に従うという意味ではなく、長男あるいは家督を継ぐ男子を指すことを明らかにしておかなければならない。

日本では、家長としての父、あるいは、その家督を引き継いだ長男などが絶対的な支配権を有するという家父長制があり、このことばはそれと結びつけて説かれたものである。この「三従の道」論は、広く巷間で用いられ、近世では女子教育上の重要な一句であった。女性を家庭に閉じこめ、父から夫、そして長男へと、つねに男性に従わせ奉仕させるという女性蔑視の考え方は、儒教、とりわけ朱子学が重んぜられた徳川封建体制のもとで、士・農・工・商という身分制度を支える上では、権力側にとって必要な方策であった。封建体制を擁護し確固たるものにするための思想として、武士には「忠」、町人や農民には「孝」、そして、婦女子には「三従」というように、儒教思想とその道徳観が人々の間で重要な位置を占めていた。

なお、このように弱い立場に置かれていた女性たちがさらに弱い立場として辛酸をなめたのは離婚問題だった。女性の権利はまったく認められず、圧倒的に男性優位の状況であったが、それを顕著に物語るものを次に挙げる。貝原益軒は、前漢の時代に書かれた儒書『大戴礼』をもとにして『和俗童子訓』（巻之五・女子に教ゆる法）に、

婦人に七去（しちきよ）とて、悪しき事七（つ）あり。一（つ）にてもあれば、夫より逐（おひ）去らるる理たり。故に是を七去と云（ふ）。是古《これいにしへ》の法なり。女子に教えきかすべし。一には父母にしたがはざるは去（る）。二に子なければさる。三に淫なればさる。四に嫉《ねた》めばさる。五に悪疾あればさる。六に多言なればさる。七に窃盗すればさる。此《この》七の内、子なきは生れ付（き）たり。悪疾はやまひなり。是《これ》二（つ）は天命にて、ちからに及ばざる事なれば、婦のとがにあらず。其余の五（つ）は、皆わが心よりいづるとがなれば、慎みて其悪をやめ、善にうつりて、夫に去《さら》れざるやうに用心すべし、

と記している。『大戴礼』に言う「七去」の場合、そのうちの一つでもあれば、夫が妻を離縁することができたし、『和俗童子訓』でも同様の趣旨を述べているが、益軒は『大戴礼』とはいささか異なるとらえ方をしている。すなわち、『和俗童子訓』では、説明事項として補足的に「此七の内、子なきは生れ付たり。悪疾はやまひなり。是二は天命にて、ちからに及ばざる事なれば、婦のとがにあらず」ということばを付け加えている。その補足部分についてだけ言えば、いささか人間的であるという見方もできよう。しかし、「子なければさる」について言えば、益軒は右の文に続けて「妻をめとるは、子孫相続のためなれば、子なければさるもむべ也」と述べ、妻を迎えるのはあくまでも

子孫相続のためであり、子どもを生まなければ去るのが当然だ、と主張している。女は「子を生む道具」という意識が強かったのだ。医学・薬学の知識に富み、庶民の健康管理や教育に強い熱意を持っていた益軒でさえ、こうした差別的な意識の持ち主であった。人権意識のなかった封建体制下という時代の制約があり、徳川幕府を擁護しなければならない武士の立場であったにせよ、益軒がそうした考え方を持っていたことに驚かざるを得ない。

なお、益軒は、「されど其婦の心和《やわら》かに、行ひ正しくて、嫉妬の心なく、婦の道にそむかずして、夫・舅の心にかなひなば、夫の家族・同姓の子を養ひ、家をつがしめて、婦を出すに及ばず。或（は）又、妾に子あらば、妻に子なくとも去に及ぶべからず」とも述べている。しかし、これも妻の権利を認めたものではない。「夫の家族・同姓の子を養ひ」は、夫の家族や同姓の男子を養子として迎えることであり、「妾に子あらば…」は、妾腹の男子を嫡子とすることを意味するものなのである。それは、律令時代から、綿々と引き継がれてきた男系の男子を家督相続人として認知する

底本講話一

という考え方であり、そこには一貫した「家督相続」重視の思想、言い換えれば「家門を守る」ことの大切さといった体制擁護と現状維持の考え方が色濃く表れている。

なお、離縁の形についても触れておこう。これも圧倒的に男性優位の実態で、夫が俗に言う「三行半《みくだりはん》」を突きつければ、夫の方からの一方的な離縁が可能だったのである。

其方事我等勝手ニ付、此度離縁致し候
然ル上ハ何方え縁付候共差支無之候
仍如件

右記したものは、三行半で書かれた「みくだりはん」の一例だが、それは、一行目で夫が妻に「そなたのこと、こちらの都合によって、このたび離縁することに致しました」と、離婚する旨を通告し、二行目で「そうなった上は（そなたが）誰と再婚しようとも差し支えないものとします」と、再婚の許可を与え、最後の半行で「よってくだんの如し」、すなわち、以上の通りである、と記したものである。

それに対して、妻が離婚をしようとするときは、そう簡単ではなく、駆け込み寺で知られる鎌倉の東慶寺のような尼寺に入って、そこで三年の歳月を待たなければならなかった。女性にとってはほんとうに辛い時代であったのである。

二　「その次は誰じや」

「私、①渡世は小糠商売、②まんまと③口過ぎはいたせども、④はかりきつた身体《しんだい》にて大晦日《おほつごもり》は⑤すりはらひ、年中⑥糠働きをするも残念。商売替へを致す積もり。これこれの内、何商売が性に合はん。御占ひ給はるべし」

売卜翁の曰く、「何商売も同じ事。⑦一升入る徳利は一升。合ふと合はざるは時なり。⑧律義一偏に仕馴れた小糠よかるべし。⑨さてまたここに⑩塞翁が馬といふ事がある。⑪信をとつて能《よ》く聞かれい。⑫そこもとの軽い渡世が薬に成つて達者で居るやら、商売替へて心づかひが多くなり、煩うて死ぬやら、替へた商売が繁盛してに俄《にはか》金持ちに成らうやら、その金故に盗みに逢ひ、丸裸に成らうやら、⑬往《い》て見ねば知れぬ事じや。西へ往たらば犬に噛《か》まれまいものを、東へ往て犬に噛まれたと思へども、西へ往かなんだが何程の仕合せやら、⑭内に居ば此の足は⑮蹴欠くまいにといへど、棚の物が落ち掛かつて頭へ傷が付かうやら、その傷のおかげにて持病の頭痛が治るやら、人間万事塞翁が馬。さてこの人間万事の内、少しにても⑯私が這入《はい》れば塞翁が馬とは言はさぬ。為《す》べき事をせず、為《す》まじき事をしての禍は己がなす所なり。万事に私を交へず慎み、その上に来る禍福吉凶苦楽は塞翁どのに任すべし」

注

①渡世…世渡り。なりわい。生業。職業。『西鶴織留』（四）に「渡世は八百八品といふに」とあるが、この数字に誇張はあるにしても、当時かなり多くの職業があったことが推測される。それゆえこの男も商売替えをしたいと思ったのである。

②まんまと…うまく。首尾よく。

③口過ぎ…暮らし。生計をたてること。

④はかりきつた身体にて…「はかりきつた」は「小糠商売」という語との関連で、枡に盛ったものの上を水平に切る意と解する。また、「わかりきつた」の誤記で、十分に解ったという意とも考えられるが、それでは「身体」の語義とはなじまない。なお「しんだい」は「身代」と書くのが普通。財産、資産。したがって、この語句は、表記通りの「はかりきった」を踏まえ、生活するのがぎりぎりの財産で、と解する。

⑤すりはらひ…金が一文もないこと。すっからかん。

⑥糠働き…小糠の売買を生業とする意味と、働いても働きがいがないむだ働き、骨折り損という意味とを掛けている。

⑦一升入る徳利は一升…一升入りの徳利には、どうやっても一升以上は入らない。物には限度があるというたとえ。「徳利」以外に「壺」「瓶」「柄杓」「瓢箪」などともいう。『世間胸算用』（五・二）に、「何としても、一升入柄杓へは一升よりは入らず」ともあるので、この種のたとえは数多くあったと推測される。なお、ここでの教訓は、人にはそれぞれ分というものがあるのだから、分相応に生きることが大切で、それ以上望んでも無理なのだという意味を持っている。

⑧律義一偏に…ひたすら律義に。実直一途に。

⑨さてまた…そうしてまた。
⑩塞翁が馬…人生の吉凶・禍福は予測できない。『淮南子』（人間訓）を原典とすることわざ「人間万事塞翁が馬」の一部。【解説】参照。
⑪信をとつて…本当だと信じて。信頼して。「信を成して」と同じ。
⑫そこもと…そなた。二人称の指示代名詞で、同輩か目下に対して用いる。
⑬往て見ねば知れぬ事…先になってみなければわからないこと。将来にわかること。
⑭内に居ば…家の中にいるならば。
⑮蹴欠くまいに…「蹴欠く」の意味不詳。「足の怪我をしないだろうに」の意か。
⑯私…ここでは、自分の意志のこと。

校異

十八頁　二行目「年中《ねんじゅう》」←底本は「ねんじう」、四行目「律義一偏」←底本には「律気《りちき》一偏《いっぺん》」とあるが、誤記と思われるので改めた。六行目「軽い」←底本は「かるひ」、「煩うて」←底本は「煩ふて」、七行目「成らう」←底本は「成らふ」、九行目「傷《きず》」←底本は「きづ」、十九頁　十行目「付かう」←底本は「付かふ」、「おかげ」←底本は「をかげ」、「治《なほ》る」←底本は「治《なを》る」、十一行目「禍《わざはひ》」←底本は「わざわひ」

解説

小糠の売買を生業とする男が、何とか生活はできるものの、どんなに働いても楽な暮らしができないので、商売替えをしたいが、どんな商売がいいかと売卜翁に尋ねると、翁は「何商売も同じ事。一升入る徳利は一升。合ふと合はざるは時なり」と突っぱねた。そして、「律義一偏に仕馴れた小糠よかるべし」と、もとの小糠を売る商売の方が利は薄くてもそのままがよいと勧めたのである。

この著作の二十年後に出された太田全斎の辞書『諺苑《げんえん》』に「隣の糠働より知った粉糠商い」ということばが載っているが、それは、他人に雇われて働きがいのない仕事をするよりは、粉糠を売るような利の薄い商売でも、自立していた方がよいという意味で用いられていた。おそらくそうした趣旨のことわざがすでに巷間に流布していたのだろう。「糠働」ということばも「粉糠」ということばもそこに含まれているので、虚白斎はそれを踏まえて「小糠よかるべし」と書いたのであろう。そこには、どんなに利が薄くても実直一途に働き続けることが大切だという意識があったはずだ。

翁はさらに、時流に乗って栄えるかどうかは時の運であると諭し、「塞翁が馬」を持ち出す。「人間万事塞翁が馬」ということわざは、『淮南子』(人間訓)にあるが、その概略は、「北辺の要塞のほとりに住む翁は、自分が飼育していた馬がある時逃げて禍となったが、その馬が駿馬を率いて帰って来たので、かえって駿馬を増やす福となった。また、ある時は翁の子が落馬して足を折るという不幸を背負ったが、そのため戦士と成らずに済んで、命を長らえることができるという幸を得た」というものである。それは、『史記』(南越伝・賛)にある「因禍為福、成敗之転、譬若糾纆(禍が福となったり、福が禍の元になったり、人間の幸福と不幸、成功と失敗は、より合わせた一本の縄のように表裏をなして、目まぐるしく変化するものだ)」と類似の趣旨を述べたものである。

次に、商売替えについての問題だが、徳川封建体制のもとでは、士・農・工・商という身分の変更は、ほぼ不可能であったが、「商売替え」についても決して容易ではなかった。先祖から受け継いだ家業を替えるには、町奉行所に願い出てその承認を得なければならなかったし、さまざまな手続きが必要であった。

徳川家譜代の家臣で後に出家した鈴木正三は、その著『万民徳用』の中で、

鍛冶番匠（鍛冶職人と木工）をはじめて、職人なくしては、世界の用所（世の中で必要なもの）を調べからず（調えることができない）、武士なくして世治べからず（世の中を治めることができない）、農人なくして世界の食物あるべからず、商人なくして世界の自由（物の流通の便）成るべからず

というように、それぞれの身分や階層に属する者たちの存在意義と、おのおのが果たすべき職分の重要性を説いた。それが書かれたのは、江戸の初期であり、『売卜先生糠俵』が書かれる二百年も前のことであったが、この考え方は身分制度が撤廃される明治維新まで続いたのである。士農工商という身分制度は、人々を政治的・社会的に固定化するものであり、武士がその職分として世の中を治めたが、一方で、農工商の人々は、社会的身分と職業とが有機的かつ固定的に結びつけられ、さまざまな職能集団におけるそれぞれの立場で持てる技術や能力を専門的に生かして、ものを生産したり売買したりしたのである。

また、職業の変更については、虚白斎の師、手島堵庵が『会友大旨』で、

家業は農工商とも我が物好にて其家に生れしにあらず。不思議にしてうけ得たる家業なればこれ天命なり。然れば我が家業を少しも麁略にしぬれば則天命に背て大罪なり。恐れつゝしむべき大事也。惣じて家業を怠れば渡世乏しく、父母の心安からざる第一なり

と述べている。すなわち、先祖から受け継いだ家業は、農工商を問わず、自分が選んだものではなく、いわば天命なので、少しも疎略にしてはならないということだ。ここには、家業を引き渡す側である親と、それを引き継ぐ側である子、すなわち父親と長男との間の血縁関係を重視する考え方が含まれていると見なければならない。縦社会の人間関係の基本は親子関係にあったので、子は親の意志に逆らったり背いたりすることは許されず、いわば「我なし」の自我を持たない存在でなければならなかった。子は与えられた職分である家業をひたすら守り続けなければならないという宿命を背負っていたのである。また、家業を怠ることは、生活が厳しくなることなので、そのことが父母の心を悩ませることになり親不孝につながる、とも考えられていた。この講話では、家業の勧めも「孝」の重視という立場から論じられているが、庶民に対する孝行の勧めがこの著書の一貫した主題である。

三 「その次は誰じや」

「①愚老が ②定命《ちやうみやう》御占ひ給はるべし」

翁の曰く、「長寿が望みなれば、③将死《しぬる》とき我は百歳まで生きたと思へ。百歳まで生きたと思へば百歳、八十じやと思へば八十、唯八十の百のと思ふばかりの事也。七十にて死ぬる人思ひ違ひにて、八十じやと思へば八十、いや〱六十じやと思へば六十、皆思ふ迄の事なり。命は後も無く先もなく、④今ばつかりのものなり。我つねに云ふ。世界皆同年。かく言へばとて、⑤生死《しやうじ》は天に在り。此方《こち》の知つた事では無いといふは⑥舌長《したなが》。その天命を縮むるは人なり。⑦飲食衽席《じんせき》の不養生。⑧七情の⑨用いやうにて、一生の内、幾年縮むるも知れぬ。四十にて死ぬる人、⑩天命は五十じややら。五十にて死ぬる人、五十五が天命やら。⑪医書に曰く、『⑫我が命、我に在り、天に在るにあらず』」

注

①愚老…自称。老人や年取った医師・僧侶などが自身をへりくだっていう語。
②定命…仏語。前世の因縁によって定まっているという命の長さ。
③将死とき…今にも死にそうなとき。死を直前にしたとき。「いままさに死なんとする時」という漢文体を和文体にした句。
④今ばつかり…現在だけの。「ばつかり」は副助詞「ばかり」の変化した語。
⑤生死は天にあり…人間の生き死には天の定めによる。仏語。『論語』（顔淵）の子夏（孔子の弟子）の「死生有命（人の生死は天命によるもので、人の力ではどうすることもできない）」が原典。
⑥舌長…口が過ぎること。広言。偉そうにものを言うこと。。
⑦飲食衽席の不養生…飲食の不摂生と睡眠不足。「衽席の不養生」は、荒淫も指すか。「衽席」は、しとね・寝床。

⑧七情…仏教に拠れば、喜・怒・哀・楽・愛・悪・欲の七つの情。為永春水の『春色辰巳園』（後・七）には「喜怒愛苦相悪欲の七情に、われとなやます煩悩の中に、恋ほどやるせなきもののはなけれど」とある。儒教・仏教、巷間で「七情」のとらえ方に差が見られる。

⑨用いやうにて…用い方によっては。「用ゐる」は、元来「持ち・率る」の意で、ワ行上一段動詞であったが、平安中期以降、ハ行転呼の現象が生じて「ヰ」「ヒ」が混同され、「もちひる」とも表記されるようになり、さらに、ハ行上二段にも活用するようになった。また、「イ」「ヒ」「ヰ」の混同により、中世以後は、ヤ行にも活用するようになった。ここでは、ヤ行上二段活用で使用されていると判断する。

⑩天命は五十じややら…ここでの「天命」は、天から与えられた寿命。天寿の意。近世では、寿命は五十歳程度と考えられていた。ここは、『論語』（為政第二）の「子曰、…五十而知天命」をもじった表現であろうが、『論語』の「天命」は、天が与えた使命ということなので、ここではそれと趣を異にする。

⑪医書…医術・医学に関する本。医学書。ここでは、貝原益軒の『養生訓』を指す。

⑫我が命、我に在り、天に在るにあらず…私の寿命は私の生き方によるのであり、天が定めるものではない。

校異

二十三頁　一行目「定命《ぢやうみやう》」←底本は「じやうめう」、二十四頁　二行目「七情《しちじやう》」←底本は「ひちじやう」、「用い」←底本は「用ひ」

解説

古今東西を問わず長寿・長命は万人の願いであるが、とりわけ年を重ねるにつれてその気持ちは強くなるものである。この老人もまたその一人といえよう。「天命を全うする」とか、「天寿を全うする」というように、世間で用いられる「天命」「天寿」ということばは、「定命」という仏教語と同じく「前世の因縁によってすでに定まっている命」という語感が強い。

しかし、虚白斎は命というものを運命論的にはとらえていない。むしろ、自分の心の持ち方や過ごし方によって、長生きすることは可能であると主張している。命のとらえ方としては、「生死は天に在り」というような消極的なものではなく、「天命を縮むるは人なり」と積極的にとらえている。そして、飲食や睡眠、あるいは房事などの不摂生が命を縮め、喜怒哀楽の激しい感情が心身を損なうものであるから、ふだんからそれらに注意するようにと勧めている。

一方、古来の仏教的無常観では、「老少不定」であり、人の死期は老少とは無関係で定めないものとされている。『徒然草』にも「われらが生死の到来、ただいまにもやあらん（我々の死の到来は、いますぐにでもあるかもしれない）」という一節があるが、これは、現世をはかないものとしてとらえ、極楽浄土で永遠の生を得ることを勧める仏教思想と結びついたものであり、死についてのとらえ方がこの講話の内容とは大きく異なることを指摘しておきたい。

そして、翁は「七情の用いやう」についても語っている。それについて古典的な漢方医学では、「喜は心を傷《やぶ》り、怒は肝を傷り、思は脾を傷り、憂は肺を傷り、恐は腎を傷る」というように、七情と五臓との関係を具体的に説明している。また、近代医学では、突然精神的な痛手を受けたり、ひどく興奮したり、あるいは、長期にわたる精神的緊張が続いたりすると、身体の生理活動を調整できる範囲を超え、体内の機能失調が引き起こされて病気となることがあるといわれている。しかし、どちらの医学の場合でも、激しい感情を和らげる方向へ精神を誘導すれば、病は癒されるとも説明している。

なお、貝原益軒は、その主著『養生訓』（百四）で、

養生の術は、先（ず）わが身をそこなふ物を去（る）べし。身をそこなふ物は、内慾と外邪となり。内慾とは飲食の慾、好色の慾、睡の慾、言語をほしゐままにするの慾と、喜・怒・憂・思・悲・恐・驚の七情の慾を云（ふ）。外邪とは天の四気なり。風・寒・暑・湿を云（ふ）。内慾をこらゑて、すくなくし、外邪をおそれてふせぐ、是を以（つて）、元気をそこなはず、病なくして天年を永くたもつべし

と述べ、不摂生をなくし、心身を損なうものを退ければ、病にもかかわらず長生きができると勧めている。

翁が語った「天命は五十じややら」ということばについては、【注】⑩以外にも、井原西鶴が、最後の作品『西鶴置土産』の巻頭に辞世の句として、「人生五十年の究り、それさへわれには余りたるに、ましてや（人生五十年の平均寿命でさえ、私には長すぎた。おまけに）」という詞書きのあと、「浮世の月見すごしにけり末二年（二年も余計に浮世の月を見過ごしてしまった）」と詠んでいる。この句からも、五十歳ぐらいの年齢が当時の人の平均寿命であったことが想像されるのである。

この講話のまとめとなる「我が命、我に在り」ということばも、『養生訓』にあるが、その（百七）でも、

人の命は我にあり、天にあらずと老子いへり。人の命は、もとより天にうけて生れ付たれども、養生よくすれば長し。養生せざれば短かし。然れば長命ならんも、短命ならむも、我心のままなり（「人間の寿命というもの

は自分の生き方によるのであって、天が定めたものではない」と老子が述べている。人間の命は天から授かって生まれたものであるが、養生すれば長生きができ、養生しなければ短いのである。だから、長命であるのも、短命であるのも、すべて自分の心の持ち方次第である）

というように、同じ趣旨が繰り返されている。ただし、この一節は『老子』には見えない。右のような考え方は、自己を律する主体的な生き方であり儒教的なものであるので、老子の「無為自然」の思想に反する。「老子いへり」というのは、益軒の誤解か記憶違いと考えられる。

では、儒教や道教では「命」というものをどのようにとらえていたのであろうか。『論語』（顔淵・第十二）には、子夏のことばとして「死生有命、富貴在天（人間の生も死も運命であり、貧富・貴賤もまた天命である。人間の力ではどうしようもないものだ）」とあるように、「生と死」を運命論的にとらえている。また、『荘子』（大宗師篇）にも同様な趣旨が見える。それは「死生命也。其有夜旦之常天也。人之有所不得与、皆物之情也（死と生があるのは運命である。あの夜と朝の規則正しい交替が自然によって定められているのと同じである。世に存在するすべてのものが天命によって支配されているのである）」というものである。

しかし、繰り返しになるが、虚白斎が言う「我が命我に在り、天に在るにあらず」は、前述のような運命論的な考え方とは異なり、自分の命は自分の生き方次第で、短くもなるが長くもなる。決して天の定めた運命のようなものではない、ということなので、その点が大きく異なっている。

四　「その次は誰じや」

「この間、打ち続き夢見①凶《あ》しし。御占ひ給はるべし」

翁の曰く、「夢見悪しくば、②一入《ひとしほ》慎み善事を行へ。善事を行へば、これ即ち吉夢なり。③稼ぐに追ひ付く貧乏なく、④慎みに克《か》つ禍なし。たとへ善き夢を見てもその夢を鼻に掛け、⑤放《ほしいまま》に行はば、禍たちまち来たるべし」

また問ふ。「翁の教へにては、凶夢も吉と変り、⑥悪女も美女に成るとの噂《うはさ》。かかる不思議もあるや、如何」

翁答へて曰く、「見目好き者、その見目好きを自ら見目好きとすれば、その見目好きを失ふ。醜き者、その醜きを自ら醜きとすれば、其の醜きを消す。顔容の美悪のみにあらず、諸道皆かくの如し。少しにても矜《ほこ》り誇る心あらば、⑦味噌汁の味噌臭く、醤油汁の醤油くさきの譏《そし》りをうけん。⑧京羽二重は肌目《きめ》も細く色も白く媚《みめ》よし。なれど、これも⑨百目の絹を百二十目と高ぶれば、能《よ》いはよいが値の高いが疵《きず》なりと⑩手を指す人稀《まれ》ならん。⑪河内《かはち》羽二重は色も黒く肌目も麁《あら》くて不器量なれど、拾匁《もんめ》の毛綿を九匁なりと低う出れば、値に惚れる人数多《あまた》あらん」

客の曰く、「これはさもあるべし。百目の物を百目、拾匁の物を拾匁と云はば如何。これにもまた言ひぶん有りや」

翁曰く、「この所⑫出入りなし。然《さ》りながら、今言ふ拾匁百目と見おき代物は皆⑬手くだ有りて油断ならず。色の黒いは白粉《おしろい》にて⑭ちやかし、⑮生え下がりの無いは⑯菰《まこも》で黒め、歯の欠けたるは蝋石《らふせき》を埋め、髪の薄きは⑰染川を雇ふ。櫛《くし》⑱笄《かうがい》は猶更《なほさら》、衣類また凄《すさま》まし。⑲三〆目位の身上《しんしゃう》に⑳内儀の出立ちを見れば、㉑千匁も取る女形の舞台衣装。また、呉服屋仲間の㉒玄人値打ちにも、あの衣装の㉓結構。㉔供まはりの立派。㉕安う踏んでも先づ千〆目からの身上と評判する娘子の㉖道行き。㉗楽屋を覗《のぞ》けば、㉘間口五間《ごけん》には足らぬげな」

注

①凶しし…不吉だ。縁起が悪い。シク活用の形容詞「凶し」の終止形だが、「悪し」の当て字と見なす。後ろで「悪しく」と「悪」の字を用いているので、同一の語を避けるために用いたものであろう。本書では、同一語の連続を避ける形式が随所に見られる。なお、「凶しし」と「し」が重複しているのは、シク活用形容詞の古形。『日本文法大辞典』（松村明編・明治書院）によれば、山口佳氏の説として「シク活用では、『…し』までを語幹と考えるべきである。（中略）①語幹『…し』に終止形語尾『し』が接して。『…しし』の形となったが、同音の連続したために一方が脱落したと考えるか、②語幹『…し』に終止形語尾『し』が接するはずであったが、語幹がすでに末尾に『し』を持った形であったために、その『し』に終止形語尾としての性格を与え直したと考えるか、そのどちらかに考えるのがよいのではなかろうか」とある。その説に準じたい。

②一入…ひときわ。いっそう。

③稼ぐに追ひ付く貧乏なく…仕事に精を出して一生懸命に働けば、貧乏で苦労することはないという教え。勤勉の大切さを言ったことば。『世間胸算用』（四・一）にも「とかく大晦日の闇を足もとの赤ひ（明るい）うちから合点して、かせぐに追付貧方なし」とあるが、この種のことわざは現代でも残っており、昔からしばしば語られてきたものである。

④慎みに克つ禍なし…慎むべきことを知っていれば災難に遭うことはない。これと表現の仕方が逆であるが、浄瑠璃『蘆屋道満大内鑑』（五）に「慎みを知つて慎まざれば、禍遠きにあらず」という同趣のものがある。

⑤放に行はば…自分の思うとおりに振る舞うならば。

⑥悪女…ここでは、顔かたちの醜い女の意。

⑦味噌汁の味噌臭く、醤油汁の醤油臭き譏り…たいしたことのないものを自慢するたとえか。比喩の意味・内容は不詳。
⑧京羽二重…絹織物の一つで、江戸時代に京都から産出した並幅の羽二重。特に良質なものとして著名である。
⑨百目…「百匁」に同じ。重量の単位ではおよそ三七五グラムだが、ここでは貨幣の単位で約一両六朱にあたる。
⑩手を指す…「手を差す（手を差し出す）」の当て字か。
⑪河内羽二重…河内地方から産出する羽二重。京羽二重にくらべて、下等の羽二重とされた。
⑫出入り…金銭の出し入れや過不足。支出と収入の差し引き。
⑬手くだ…人を欺く手段。手練手管。
⑭ちやかし…「茶化し」で、ごまかしの意。
⑮生え下がり…生え下がった襟足やもみあげなどの毛。上方で「生え下がり」、江戸では「もみあげ」という。
⑯菰…「まこもずみ」の略。黒穂菌が寄生して肥大したマコモの芽を乾したもの。絵の具や眉墨にする。
⑰染川…意味不詳。後に「雇ふ」とあるので、毛染めの職人のことか。
⑱笄…ここでは、女の髷《まげ》に挿して飾りとする具。金銀・鼈甲《べっこう》・水晶・瑪瑙《めのう》などで作り、いろいろな形のものがある。
⑲三〆位の身上…「〆」は接尾語で束ねた物を数えるのに用いる。「身上」は財産、資産。「身代」に同じ。「三〆位」がどの程度の金額を指すか不明だが、わずかな財産を意味する。
⑳内儀の出立ち…妻のよそおい。「内儀」は町人の妻を指す尊敬語。「出立ち」は「出で立ち」に同じ。
㉑千匁…銭千文。一貫文。大金である。
㉒玄人値打ちにも…専門家の評価でも。「玄人」はその道に熟達した人。専門家。「値打ち」は値踏み、評価。

㉓結構…申し分のないこと。立派なさま。
㉔供まはり…供人のむれ。供の人々。
㉕安う踏んでも…低めに見ても。少なめに見ても。「踏む」は、値段を付ける、評価するの意。
㉖道行き…道を行くこと。通行。あるいは、和服用の外套を指すか。
㉗楽屋…比喩的に物事の内幕を言う。内情。
㉘間口五間…入り口の広さは約九メートル。大きな商家の間口としては狭い。

校異

二十九頁　一行目「御《おん》」↑底本は「をん」、三行目「禍《わざはひ》」↑底本は「わざわい」、「放《ほしいまま》」↑底本は「ほしひまま」、三十頁　一行目「河内《かはち》」↑底本は「かわち」、五行目「見おき」↑底本は「見をき」、六行目「黒い」↑底本は「黒ひ」、「蝋石《らふせき》」↑底本は「らうせき」、七行目「猶更《なほさら》」↑底本は「なをさら」、八行目「女形《をんながた》」↑底本は「おんながた」、九行目「安う」↑底本の送り仮名は「安ふ」

解説

人間誰しも夢を見るが、日本では夢は神のお告げであり、未来を占うものと考えられていた。とりわけ平安時代にその傾向が強く見受けられた。『江談抄』という説話には、藤原兼家が雪の積もる逢坂の関を越える夢を見たので、その夢の意味を側近に問うたところ、文章博士の大江匡衡が、逢坂の関の「関」は、関白の「関」で、雪は「白」だから、兼家が関白になる夢だと夢解きをした。その後、夢解きの通り兼家は関白になった、という話が載っている。

『更級日記』にも、悪い夢を見て、行く先を不安に思う作者の気持ちが繰り返し描かれているし、和歌でも夢の話題はたびたび取り上げられている。では、夢を材料にした和歌の代表的なものを『古今和歌集』から拾ってみることにする。

思ひつつ寝ればや人の見えつらむ夢と知りせば覚めざらましを（ある人のことを恋しく思いながら寝入ったので、その人が夢に現れたのだろうか。夢だと知っていたならば、目覚めたくはなかったのに）（五五二）

うたたねに恋しき人を見てしより夢てふものは頼み初めてき（不意に落ちたうたたねに恋しい人を見たその時から、夢というものを頼りにするようになってしまった）（五五三）

いとせめて恋しき時はむばたまの夜の衣をかえしてぞ着る（どうにもならないほどあの人が恋しい時は、衣を裏返しにして寝れば、夢の中で逢えるという言い伝えのように、私も夜の着物を裏返しにして着るのです）（五五四）

いずれも小野小町の歌であり、彼女は愛する人に夢の中でも逢いたいと思って「夜の衣をかえしてぞ着る」ことをしたのだが、ここには平安時代の人々の夢に対する考え方が表れている。すなわち、夢の中に人が現れる場合、その人が自分に好意を持っているものと考えられていたので、小町は愛する人が夢に現れてくれたことがうれしかったし、おそらくは、小町自身もその人の夢の中に現れて、愛する気持ちを伝えたかったであろう。

だが、近世になると「夢は五臓の煩ひ」とか「夢は心の疲れ」などといい、夢をよくないもののように見る傾向も出て来た。そうはいうものの、夢は未来を占うものであり、よい夢を見てよい未来を願うという考え方は残っていた。たとえば、正月二日の夜、宝物・米俵・七福神などを乗せた宝船の絵に「なかきよのとをのねぶりのみなめざめなみのりぶねのおとのよきかな」という、上から読んでも下から読んでも同じになる回文歌を添えたものを枕の下に敷いて寝て、よい初夢を見ることによって、よい一年になるようにと願う風習などもその一つであろう。

一方、中国では古来、夢ははかないもののたとえとしてとらえられていた。たとえば、李白の詩、『春夜宴桃李園序』には、

夫天地者、萬物之逆旅、光陰者、百代之過客。而浮生若夢、爲歡幾何（それ、天地というものは、万物の宿るところであり、月日はというものは、永遠に通り過ぎていく旅人のようなものである。はかない人生は夢のようなもので、楽しい時を過ごすのは一瞬に過ぎないのだ）

という一節がある。人生は夢のようにはかないが、夢もまたはかないものとしてとらえられていたのである。

なお、栄華や夢のはかなさについては、『枕中記』の「盧生の一炊の夢」にも、『南柯太守伝』の「南柯の夢」にも同じような話が載っており、両者とも栄華の夢のはかなさを語ることわざとして世に知られている。

また、『淮南子』には、「聖人に夢なし（徳の高い聖人は心身ともに安らかであるから、つまらない夢など見ることはない）」とあるが、この講話の冒頭近くの「夢見悪しくば、一入慎み善事を行へ。善事を行へば、これ即ち吉夢なり」という一節との関係で言えば、『淮南子』の一節がこれに一番近いかも知れない。翁は、「聖人でなく普通の人間であるそなたは、悪い夢を気に掛けるよりもよいことをしなさい。よいことをすれば、それがそのまま吉夢となる」と語り、善事の実行を勧めたが、そのことばは、『荀子』（宥坐篇）にある「為善者、天報之以福、為不善者、天報之以禍（善をなす者には天が福を授け、不善をなす者には天が禍を下す）」という一節と同じ教訓性を持っている。

次いで、女性の美醜について述べた「見目好き者、その見目好きを自ら見目好きとすれば、その見目好きを失ふ。

醜き者、その醜きを自ら醜きとすれば、その醜きを消す」という翁のことばが続くが、それは、『荘子』（外篇・山木）にある、

美者自美、吾不知其美也。悪者自悪、吾不知其悪也（人間にはそれぞれ長所と短所があるが、自らの長所を長所と思う人間は本当の長所を持っていない。これに反し、短所がある人間でも、それが自分の短所と悟れば、それは短所ではない）

と共通性を持っている。『荘子』のその一節のあとには、次のような話が続けられている。それは、「陽子《ようし》が宋の国へ行き旅館に泊まった。宿の主人は二人の妾を持っていたが、一人は美人で、一人は醜女であったが、醜女が大切にされ、美人が粗末に扱われていた。陽子が不思議に思って尋ねると、宿の若者が『美人の方は自分を美人だと思っています。だから、私には美しいと思えません。醜女の方は、自分が醜いことを知っています。だから、私の目には醜いとは思えないのです』」というものであった。

虚白斎が『淮南子』のこの一節を頭に描いて、「醜き者、その醜きを自ら醜きとすれば、その醜きを消す。顔容の美悪のみにあらず、諸道皆かくの如し」と述べたかどうかはわからないが、共通性が見られることは確かである。

この講話の後半の「手くだ有りて油断ならず」から始まるくだりは、人々が用いる手練手管を具体的にいくつも取り上げていて興味深い。色黒は白粉でごまかし、襟足の後れ毛がないのは眉墨で書き、欠けた歯は蝋石を埋め、髪の色が薄いのは染めてごまかす。櫛笄はもとより、見栄えのする高価な衣類を身にまとい、お供をつれて人々に見せて回る。世間の人は大金持ちだと思うが、家の内情をのぞいてみると、「間口五間には足らぬげな（間口は五間にも足りない小さなお店ではないか）」ということで、これも見せかけだけではないか、という形でこの講話は結ばれてい

る。
　全体として、この講話は具体的で説得力を持つものだが、一貫性が見られないところに欠点がある。話の展開は、夢占いから始まったが、次に女性の美醜に移り、さらには、人々が行うごまかしや手練手管の話題に移ってしまった。そして、ある話題から次の話題への転換の仕方に飛躍があり、説明不足の結果になっているので、残念ながら、まとまりのない講話になってしまったという感は否めない。

五「その次は誰じや」

「①拙者　②相応に暮らせども、これぞといふ楽しみなし。何を楽しみにいたし、楽しまんや。御考へ給はるべし」

翁の曰く、「③楽は苦の本、苦は楽の本とかや。楽しみたいとおもふ苦もなく、④苦をせまじと思ふ苦なくんば、いづれの世界に苦のあらん。財宝田地なければ、ほしき苦があり。有れば又失はじとの苦をするなり。貯へたいと思ふ苦なければ、減らさじと思ふ苦もなし。家屋敷、身の回り、いやがうへにほしき苦あり。あれば有るほど苦は多し。⑤親にかかりの息子どの、⑥主持ちの若い衆など、一夜二夜の楽しみが　⑦際々《きはぎは》の苦と成り、苦に苦を重ぬれば一生の苦となり、自身の苦のみにあらず。親兄弟の苦に成る。

主、親を持ちし身は、一入《ひとしほ》慎み、楽しみたい苦を止めよかし。[8]百病は苦より生ず。楽しみたい苦を止めて、[9]天命を楽しむべし」

また問ふ。「私、もとより病身にはあらざれども、ただ力弱くて口惜しし。強くなる御考へは有るまじきや」

翁の曰く、「力の強きを強きとして、その強きに誇る者は人に勝つ事を快しとす。この故に[10]我より強き者ありて、争ふときは我必ず危ふからん。力弱きを弱きとして、その弱きを安んずる者は人に勝つ事を快しとせず。この故に我より弱き者ありても争はず。争はざれば危ふき事なし。されば、昔よりその力を頼んでその身を亡ぼせし人、和漢その数を知らず。[11]能《よ》く騎《の》る者は落ち、能く泳ぐ者は溺るるなり。河を[12]馮《かちわたり》し、虎を[13]搏《てうち》にするなどは、これ[14]匹夫の勇力なり。実《まこと》の勇は然《しか》らず。無理非道をもよけて通し、[15]堪忍のならぬ所を堪忍し、[16]己に克《か》ち己にかつ。おのれに克つにあらずんば、勇力とはいふべからず。日夜朝暮[17]地どりして己に克ち己にかてば、天下に敵なし。これを勝たざるの勝ちといふ。ただ強き奴は[18]人欲也。この人欲と地どりするに、なかなか[19]十番に五番は勝てぬ。閉口々々」

注

①拙者…自称。自分を謙遜していう語。多くは武士が目上の人に対して用いた。
②相応に…ふさわしく。それなりに。身分相応に。
③楽は苦の本、苦は楽の本…楽をすると後で苦を味わわなければならないし、苦を忍べば後で楽ができる。今の苦労は、将来の楽につながるのだから、耐え忍ばなければいけない。浮世草子『笑談医者気質』（五・一）にも「楽は苦の種、苦は楽の種。悪人程うるさき者はあらねど、善人を見出すの種ならば」とあるように、広く巷間に伝わることわざ。
④苦をせまじと思ふ苦なくんば、いづれの世界に苦のあらん…苦労をするまいと思う苦労がないならば、どの世界に苦労があろうか。助動詞「まじ」は終止形に接続するので「す・まじ」とするか、未然形に接続する「じ」を用いて「せ・じ」とすべきところ。
⑤親にかかりの…親の扶養を受けている。親がかりの。
⑥主持ちの…主人に仕えている。
⑦際々…人それぞれの身の程。身分。階級。
⑧百病は苦より生ず…もろもろの病気は、物事を苦にすることから生じる。「病は気から起こる」に同じ。『諫草』には「百病は気より生ずるといへり」とある。
⑨天命…天によって定められた宿命。天運。
⑩我より強き者…自分よりも強い者。
⑪能く騎る者は落ち、能く泳ぐ者は溺るるなり…乗馬の得意な者は馬から落ち、泳ぐのが上手な者は溺れることがあ

る。人は得意とする面でかえって油断して失敗することがあるというたとえ。このことばの原典は『淮南子』（原道訓）にある。【解説】参照。

⑫馮…徒歩《かち》で河川を渡ること。

⑬搏にする…打ち倒す。素手で殴り殺すの意の「撲」の誤字か。「搏」は、丸める、結ぶの意味で文脈に合わない。

⑭匹夫の勇…思慮分別がなく、ただ血気にはやるだけの勇気。「小人の勇」に同じ。このことばの原典は『孟子』（梁恵王・下）にある。【解説】参照。

⑮堪忍のならぬ所を堪忍し…我慢できないことをじっと耐え忍んで我慢し。『やしなひぐさ』（前編）に「堪忍のなる堪忍が堪忍か、ならぬ堪忍するが堪忍」とある。

⑯己に克ち己にかつ…自分の欲望を克服して、自分自身に勝つ。

⑰地どり…相撲の稽古。

⑱人欲…人間の欲望。人間の心の奥底に潜む種々の欲望。虚白斎の師、手島堵庵の『座談随筆』に、「人欲とは色欲と、利《むさぼ》る欲と、名の欲と、この三つは、老人でも、血気さかんな人でも、年若な衆でも、三ツながらのがれぬものでござる」とあるが、ここでもとくに、色欲、利欲、名誉欲の三欲を指すものと思われる。

⑲十番に五番は勝てぬ…十番の勝負のうち五番は勝てない。【注】⑰「地どり」との関連でこう表現した。当時の相撲は、晴天の日の十日間の興行であった。

校異

三十七頁　一行目「相応《さうおう》」↑底本は「さうをう」、五行目「家屋敷《いへやしき》」↑底本は「家屋敷《いゑやしき》」、六行目「親《おや》」↑底本は「親《をや》」、七行目「際々《きはぎは》」↑底本は「際々《きわぎわ》」、三十八頁　三行目「口惜《くちを》しし」↑底本は「口惜《くちお》しし」、六行目「危ふからん」↑底本は「危うからん」、七行目「故《ゆゑ》」↑底本は「故《ゆへ》」、九行目「非道《ひだう》」↑底本は「ひどう」、十行目「通し《とほ》」↑底本は「通し《とを》」、十二行目「十番《じふばん》」↑底本は「じうばん」

解説

江戸中期の元禄時代（一六八八～一七〇四年）になると、商業資本の隆盛とともに町人の力が急速に増大し、京・大坂を中心とする上方の町人文化が花開いた。その後、町人勢力がさらに力をつけていくとともに、享楽的で華美な風潮が広がるようになってきた。一方で、武家勢力は天下太平の世にあってその存在価値を失いつつあった。幕府を始めとして、諸藩も経済的に逼迫するようになってきた。士農工商の階級社会という時代にあって、建前上は武士の支配による天下であったが、経済的な実権は町人たちが握るようになっていた。しかし、宝永二（一七〇五）年に大坂の豪商、淀屋三郎右衛門が町人としての分際を越える贅沢をしたという理由で全財産が没収されたのを皮切りに、幕府の町人弾圧政策が開始された。それにあわてた上方の上層町人たちは、にわかに保守的になり、幕府の意に添うように儒教道徳を勉強するようになった。その結果、上層町人たちは漢学を学び、漢詩文を作るような趣味を持つようになった。それが、当然のことながら武士社会にも広がるようになってきた。もともと、儒教に関する書物は武士階級の必読のものであったので、容易に受け入れられ深く浸透するものとなった。武士階級の間では、漢詩の鑑賞や創作が趣味として定着し、漢文をもとにした講談なども楽しまれるようになった。その結果、武芸が隆盛を失い、文化的な趣味が広く深く幅をきかせるようになったのである。たとえば、書・水墨画、俳句・和歌、茶の湯なども、武士階級の文化的な趣味として挙げることができる。

『売卜先生糠袋』が上梓されたのは、安永六（一七七七）年で、時あたかも賄賂政治で悪名高い田沼時代であった。『誹風柳多留』（初）にある川柳に、

役人の子はにぎにぎをよく覚え（役人の子どもは、親がしばしば賄賂を握るので、にぎにぎをはやく覚える）

とあるように、役人たちとそれを取り巻く関係者たちとの間では贈収賄が公然と行われ、政治腐敗は極に達していた。風俗も華美になり、道徳は退廃し世相は混乱していた。しかし、この時代に対する評価としては賄賂政治という負の面を悪としたが、一方で、富裕町人たちが持つ商業資本を利用した新田開発や土木事業の発展という積極的な面を善と考える傾向もあった。ところが次の時代、松平定信の寛政の改革の頃には、

白河の清きに魚のすみかねてもとの濁りの田沼こひしき（白河の清らかな水に魚は住めない、もとの濁っていた田や沼が恋しいことだ）

という、清潔な政治に対する皮肉な狂歌まで現れた。その狂歌では、現在の白河公・松平定信の「清らかな政治」と、かつての田沼意次の賄賂と汚職にまみれた「濁った政治」とが対比されているのだが、一般庶民は、清らかな「白河」に「すみかねて」、「濁りの」「田沼」が恋しいと感じたのである。「白河」と「田沼」がそれぞれ掛詞になっているところが面白い。人々は面と向かって幕府の政策を批判することができなかったので、誰にでもわかる暗示の形で幕政に対する不満を痛烈に述べたのである。この狂歌には庶民の偽らざる心情が映し出されている。田沼時代は、確

かに幕政のあり方としては、政治的にも道義的にも大きな問題を抱えていたが、庶民には気楽だったという側面もあったように思われる。

上記のように、この時代の評価は是非の両面を持つが、その後に数年続く天明の飢饉（一七八二～一七八七年）の前までは、それなりの不満は持っていたであろうが、武家にとっても町人にとっても安楽な時代であったといえよう。したがって、「相応に暮らす」武士にとっては、趣味を持つことが一つの流行であったと思われる。そこで、この武士は、「これぞといふ楽しみなし。何を楽しみにいたし、楽しまんや。御考へ給はるべし」と翁に尋ねたのである。しかし、武士でも学問の素養のある知識人の場合はいざ知らず、一般の下級武士で趣味を持つことができた者はそう多くはなかったであろう。

翁はこの質問に対して、「楽は苦の本、苦は楽の本」と答えた。このことばは、昔からあることわざ「楽は苦の種、苦は楽の種（楽をすると後で苦しむことになり、苦労すれば後で楽ができる）」を踏まえているのだろうが、ここの趣旨はそれとは異なっているように思われる。翁は、

楽しみたいと思ふ苦もなく、苦をせまじと思ふ苦なくんば、いづれの世界に苦のあらん（楽しみたいと思う気持ちも苦であり、苦労をするまいと思う気持ちも苦である。そのような苦というものがないならば、いったいどの世界に苦労というものが存在するだろうか）

と語った。すなわち、苦というものは、誰もが必ず抱えるものであり、すべてのものが苦につながるということを述べているのである。そして、次に「いやがうへにほしき苦」が出て来るが、「あれば有るほど苦多し」ということになるので、「楽しみたい苦をやめよ」と説いているのである。さらには、「楽しみたい苦を止めて、天命を楽しむべ

し」とも付け加えている。この考え方のもとにあるのは儒教であろうが、多くを求めず足るを知るという老荘思想からの影響も感じられる。この講話は儒教を本系とするが、それに加えて老荘・禅学の説を交えた処世哲学書、『菜根譚』（前集百五十一）の、

楽不必尋。去其苦之者而楽自存（楽しみはあまり求めない。苦しみを取り除けば、自然と楽しみは存在するのである）

という一節なども踏まえているのかも知れない。

この武士は、次の問題に話題を移し、「私、もとより病身にはあらざれども、ただ力弱くて口惜しし。強くなる御考へは有るまじきや（私はもともと病身ではありませんが、ただ、力が弱いのが残念です。強くなる方法についてのお考えはありませんか）」と尋ねたが、翁はそれに対して、

力の強きを強きとして、その強きに誇る者は人に勝つ事を快しとす。この故に我より強き者ありて、争ふときは我必ず危ふからん（自分の力が強いことを強いと思い、その強さを誇る者は、人に勝つことを快いと思う。そのために自分よりも強い者がいて、その者と争うときは、必ず危ないことになるだろう）

と答えた。つまり翁は、なまじ力が強いとそれを過信し、争いを求めることにもつながるのでよくないと諭しているのである。そうした点について、『十八史略』（東漢・光武帝）には、「柔能勝剛、弱能勝強（柔らかいものがむしろ固いものに勝ち、弱いものがむしろ強いものに勝つ）」ということばがあり、日本の武芸者の兵法にも、塚原卜伝の「無手勝流」という教えがある。卜伝のこの教えは、次のようなものである。剣豪の塚原卜伝が、渡し船の船上で真

剣勝負を挑まれた時、血気にはやる相手を先に川洲に上がらせ、自分はそのまま舟に残り、竿を付いて舟を出し、「戦わずして勝つ、これが無手勝流」といって、相手の血気をいさめたというものである。翁の言いたいのは、これらの話と類するものである。

翁はさらに「能く騎る者は落ち、能く泳ぐ者は溺るるなり」と続けた。このことばは、『淮南子』（原道訓）の「夫善游者溺、善騎者堕、各以其所好、反自為禍（うまく泳ぐ者は油断して溺れることがあり、乗馬の得意な者は油断して落馬することがある。人はおのおの得意とする面で、かえって失敗することがある）」を踏まえたものだ。

翁が続けて用いた「匹夫の勇力なり」ということばは、『孟子』（梁恵王章句・下）にある、

王、請無好小勇。夫撫劍疾視曰、彼惡敢當我哉。此匹夫之勇、敵一人者也。王、請大之（王はどうか小さな勇を好まぬようになさいませ。ここに一人の男がおります。刀の柄に手を掛け、相手をにらみつけ「奴がどうして我に敵することができようか」といきり立つのは、匹夫の勇で、たった一人を相手にする勇気に過ぎません。王はどうか大きな勇をお持ち下さい）

という一節をもとにしている。人より強くなろうとする勇は意味のないものだというのがその趣旨である。

また、『老子』（道徳経・上・三十六章）にも「柔弱勝剛強（柔らかくて弱々しいものが、かえって堅くて強いものに勝つ）」という一節があり、同趣のものが、同書の（道徳経・下・七十六章・同七十八章）にも見られる。少し長いが七十八章を引用して、「翁」のことば、「力弱きを弱きとして、その弱きを安んずる者は人に勝つ事を快しとせず」と対比してみることにする。老子は、

天下莫柔弱於水。而攻堅強者、莫之能勝。以其無以易之。弱之勝強、柔之勝剛、天下莫不知、莫能行（世の中に水よりも柔らかで弱々しいものはない。しかし、堅くしっかりしたものを攻める場合は水に勝るものはない。それは、水の性質を変えさせるものが他にないからである。弱々しいものが強いものに勝ち、柔らかいものが堅いものに勝つということは、世の中で知らない人はないが、それを自分で実行できる人はいない）

と説いたが、翁は、力の弱さをそのまま認め、弱いということに甘んじることができる人間は、そもそも人に勝つことさえ快いとは考えていないのである。さらに、翁は『論語』（八佾第三・七）の「君子無所争（教養を備えた人は、競い合ったり争ったりすることはない）」という一節にあるように、「無理非道をもよけて通し、堪忍ならぬ所を堪忍」して危険に近寄らないように生きていくことを勧めている。翁は争うことそのものを否定しているのである。さらには、本当の意味の強さとは何かということに言及し、「己に克ち己にかつ。おのれに克つにあらずんば、勇力とはいふべからず。日夜朝暮地どりして己に克ち己にかてば、天下に敵なし。これを勝たざるの勝ちといふ」と述べた。「己に克ち己にかつ」は、『論語』（顔淵）の「克己復礼為仁（己に克ちて礼に復するを仁と為す）」に原典があるが、その意味は、利己的な心を克服して、人間社会の規範である礼に立つことが人の道としての仁である、ということである。それを踏まえて翁は、腕力において人より強くなろうとするような自分の欲望を克服できないのも弱さの一つであるから、そうした自分の心に潜む欲望と日夜たたかって、それが克服できるようになれば、世の中に怖いものはなくなると諭した。そして、それを「勝たざるの勝ち」と述べたのだが、それはまさに、卜伝の「無手勝流」の境地と同じである。

講話の終わりに「人欲」という語が出て来るが、この語は、手島堵庵が『座談随筆』において、孔子のことばとし

て、

（人欲の）中で年若なものは、うわ〳〵と気がさだまらぬ所で、三ツとも大事なれども、色の欲をつよくたしなめよ。血気さかんになりたるものは、名を立てあらそふ事をつよくたしなめよ。老《としより》たるものは、おとろふる所で、むさぼる事をつよくたしなめよ、

と述べて、多くの人がとらわれやすい三つの欲望を克服することを勧めている。虚白斎は、堵庵のこうした考え方を受け継いでいるのだが、「人欲」という人の心の奥深くに潜む欲望というものは、その克服が難しく「十番に五番は勝てぬ。閉口々々」と語っている。確かにこれらの欲望のすべてを克服することは決して簡単にできる話ではない。これは、虚白斎の率直な見解と見るべきであろう。

六　「次は誰じや」

「私十二歳より①然《さ》る方へ奉公に参り、今年二十五歳にて②銀子《かね》を遣ひ過し、その銀《かね》を③黒めんと、さまざまもがき、かれこれの損重なり、親方の銀を余程あけ、ただ今にては④術《てだて》尽き、⑤欠落《かけおち》と⑥胸を据ゑ候ふ。追つ手の掛からぬ方角、御考え下さるべし」

翁、⑦頭を振つていはく、「危ふし〳〵。⑧梟《ふくろふ》塒《ねくら》を替ゆるといふ卦《け》じや。昔、この梟、東をさして飛

びゆく。鳩《はと》、問うて曰く、『何国《いづく》へか飛びさり給ふ』。梟の曰く、『この里の人々我が声の悪しきを嫌ふ。故《かるがゆゑ》に飛び去るなり』。鳩、ぐう〳〵笑うて曰く、『飛び行く先の人々も、また汝《なんぢ》が声の悪しきを嫌ふべし。汝が声の悪しきを直さば、何ぞ飛びさる事のあらん』。そこもとこの通り、唐天竺へ飛び去つても、心の悪しきを直さでは、⑨行衛《ゆくゑ》定めぬ雲介、⑩ちよぼくれちよんがれにて一生をくち果たさん。主、親に⑪勘当受けては、⑫天下の御帳面にもれ、⑬人の内にては無きぞ。今また⑭本心に立ち帰り、過ちを改めば、欠落するには及ぶまじ。今本心に帰りても、金は皆遣ひ果たす。⑮迹偏《あとへん》なりと言はんが、ここがかの本心。⑯過つては則《すなは》ち改むるに憚《はばか》ること勿《なか》れ。これ迄の過ちは⑰是非なし。⑱有りべかゝりに⑲底を叩き、⑳幾重にも詫びを願へ。許容あらば、其の恩を胸に抱き、ちよぼくれの事を忘れず、心力を尽し、私心なく奉公せよ。さて銀子の代りには㉑給銀も㉒仕着せも辞し、冥慮《みやうりよ》に叶《かな》ひて㉔宿《やど》這《ば》入《い》りせば、残銀を償ふべし。若《も》しまた㉕宥免《いうめん》なくして、如何様の咎《とが》に逢ふても、本心さへ本心ならば、身の過ちを悔ゆるばかり。㉖何をかうらみん」

注

①然る方へ…しかるべき相当な方。「然る」は、名前や事柄を明らかにする必要のない場合、あるいは、憚る場合などに用いる。

②銀子…江戸時代、京・大坂などの上方では、主に銀貨が使われたので「かね」は「銀」「銀子」と表記されることが多かった。

③黒めんと…紛らし隠そうと。ごまかそうと。「黒む」は、取り繕う、ごまかすの意。

④術尽き…取るべき手段もなくなり。「術」は、一時逃れの手段を講じること。また、その手段。

⑤欠落…江戸時代、貧困、悪事などによって居住地を逃亡し、行方をくらますこと。中世の逃散が団体的、政治的なのに対して、近世では個人的な色彩が強く、罰則が定められていた。

⑥胸を据ゑ…覚悟を決めの意で、「胸を定め」と同義。

⑦頭を振つて…頭を左右に振って。不承諾、不満の意を表す。

⑧梟塒を替ゆる…巷間にあることわざではなく意味不明の一節だが、前後の文脈から判断し、声の悪さを嫌われた梟が別の土地へねぐらを変えてもまた嫌われる、という意と解しておく。「梟の声は不吉」という俗説があり、梟は嫌われる鳥であった。

⑨行衛定めぬ雲介…住所不定の不逞の輩《やから》。滑稽本『風来六部集』(下・自序)に「夫故末世に行衛しれぬ、道中の竹《かご》輿《かき》を、雲介とは名付けたり」とあり、「駕籠かき(かごをかついで人を運ぶ人夫)」のことをいうことが多いが、ここは、それと異なる。

⑩ちよぼくれちよんがれ…江戸時代の大道芸の一つ。また、その中でうたわれた俗謡のはやしことば。転じて、それ

をうたう坊主をもいった。江戸では「ちよぼくれ」といい、上方では「ちょんがれ」といった。
⑪勘当…江戸時代、関係を断つこと。親が子に対して行うもので、懲戒的な意味を持つ。また、主従、師弟関係を断つことにもいった。
⑫天下の御帳面…人別帳のこと。江戸時代の戸籍簿。当初はキリシタン吟味のために設けられたが、享保年間からは人口調査の目的で六年ごとに作成された。これに記載されない者は無宿者とされ不利益をこうむった。
⑬人の内…一人前の人間の仲間。世間並みの人間。
⑭本心…正しい心。良心。人にもともと備わっている善良な心で、孟子の言う「性」や『都鄙問答』にある「性」に近い。講話・九の【解説】参照。
⑮迹偏なりと言はんが…あとの祭りと言うだろうが。「迹偏」は、「足偏・跡偏」とも書き、事の済んだあと。手おくれのこと。
⑯過つては則ち改むるに憚ること勿れ…過ちを犯したときは、ためらわずに速やかに改めなさい。『論語』（学而・第八）に原典。【解説】参照。
⑰是非なし…しかたがない。どうしようもない。
⑱有りべかゝり…ありのまま。ここでは、当然返さなければならない金額を指す。「あるべき懸かり」の変化した語で、「通り一遍、型どおり、おざなり」などの意を持つこともあるが、ここでは、前者の意味で用いられている。石門心学で唱える基本的な心構えの一つである。
⑲底を叩き…有り金を出し尽くし。「底をはたき」ともいう。
⑳幾重にも…繰り返し。かえすがえす。ひたすら。

㉑給銀…雇い主から使用人へ給料として支払う金銭。江戸では「給金」、上方では「給銀」と呼んだ。
㉒仕着せ…季節に応じて主人から奉公人に与えられる着物。
㉓冥慮…人の目に見えない神仏の心。神仏の思慮。
㉔宿這入り…分家すること。また、商家で奉公人が暖簾を分けてもらい独立すること。
㉕宥免…罪などをゆるやかにして許すこと。寛大に罪を許すこと。
㉖何をかうらみん…何を恨むことがあろうか。「恨む」は、古くは上二段に活用したが、近世には四段活用になった。ここでは「恨まん」とするのが正しい。

校異

四十七頁　一行目「参《まゐ》り」↑底本は「参《まい》り」、「過《すぐ》し」↑底本は「過《すご》し」、二行目「据ゑ」↑底本は「据へ」、三行目「方角《はうがく》」↑底本は「ほうがく」、四行目「梟《ふくろふ》」↑底本は「ふくろう」、四十八頁　一行目「問うて」↑底本は「問ふて」、二行目「故《かるがゆゑ》」↑「故《かるがゆへ》」、「笑うて」↑底本は「笑ふて」、三行目「直《なほ》さば」↑底本は「直《なを》さば」、九行目「代《かは》り」↑底本は「代《かわ》り」、「給銀《きふぎん》」↑底本は「きうぎん」、十行目「宥免《いうめん》」↑底本は「ゆうめん」

解説

一般的に商家の奉公人は、丁稚・手代・番頭に分けられていた。普通は十歳ぐらいの二男・三男を十年の年季を限って雇い入れ、手代に昇進させるとまた新しく十年を増し、合わせて二十年の奉公を勤め上げると番頭にした。番頭としてさらに十年ほど首尾よく勤め上げると、主人から別家として独立することが許されて、自分の店を持つことができた。主人が丁稚を雇い入れる時は、親類や別家の子弟、あるいは、同郷の出身のものを厳重に身元調査をして、雇い入れるのが普通であった。なお、雇われる者たちは、農家の子弟である場合が少なくなかった。

翁の所に来たこの奉公人は、「私十二歳より然る方へ奉公に参り、今年二十五歳にて」とあるので、丁稚として奉公し、すでに手代になっている人物であろう。手代は番頭の指図を受けなければならないが、出納・記帳・売買・蔵方・賄方・外回りなどの仕事を分担して受け持つ立場だった。大きな商家には複数の手代が存在したので、各手代がそれぞれ二、三の仕事を担当するのが普通であった。この奉公人は、おそらく出納や記帳などの金銭を扱う仕事を担当していたのであろう。

この男は、御店の金を横領した末にどうにもやりくりが付かなくなって欠落（逃亡）しようと考えた。そして、翁のところにやって来て、どの方角に逃げればいいかを尋ねたが、翁は、次のような梟と鳩の寓話を例に挙げてこの男を諭した。梟は鳴き声が悪くまわりから嫌われていたので、別の土地へ逃げ出そうとした。だが、その話を聞いた鳩が自分の泣き声を治さない限りはどこへ行っても同じだ、と語ったという寓話である。翁は、

そこもともこの通り、唐天竺へ飛び去つても、心の悪しきを直さでは、行衛定めぬ雲介、ちよぼくれちよんがれにて一生をくち果たさん（そなたも梟と同じように、たとえ唐・天竺のような遠い所に逃げたとしても、その悪い心を直さなければ、住所不定の不逞な輩か、大道旅芸人として一生を朽ち果たすことになるだろう）

と語り、この男に対してどこへ逃げても同じだし、そんなことをすれば大変なことになると諭したのである。当時、欠落は戸籍上からも、保安上からも厳しく禁じられ、欠落者の捜索方法や罰則などの細則が定められていた。欠落が江戸時代中期にどういう意味を持っていたかについては、寛文六（一六六七）年に出された「禁令考」のうち「関東

御領所下知状」を参考として供することにする。その「禁令考」は、『売卜先生糠俵』が上梓される百年ほど前のものであり、農民の欠落の場合について述べたものであるが、それは、

若年貢引負致百姓欠落仕候は、年貢は五人組又村中として皆済仕、其上百姓可尋出事（もし、百姓が年貢やその代金を横領し逃亡したならば、年貢については五人組の組織あるいは村中ですべてを決済した上で、その百姓を捜し出さなければならない

というものであった。すなわち、欠落は五人組あるいは村全体の連帯責任ということになっている。その「禁令考」に準拠してこの男の場合を考えれば、欠落がいかに重大な問題であったかが知れよう。

なお、「過つては則ち改むるに憚ること勿れ」は、『論語』（学而・八）の「過則勿憚改（もし自分に過失があれば、真心に従って直ちに改めなければならない）」を引用したものであるが、学而編は一貫して真心の大切さを説き続けているので、ここでの引用も、翁が過ちを犯した男に向かって人間が本来持っている真心に立ち返り、人生を再出発せよ、と諭していると見るべきであろう。翁はさらに「これ迄の過ちは是非なし。有りべかゝりに底を叩き、幾重にも詫びを願へ」と説得するが、この意見の背景には、石田梅岩が『斉家論』（下）で述べた、「我物《わがもの》は我物、人の物は人の物。貸《かし》たる物はうけとり、借《かり》たる物は返し、毛すじほども私なく、ありべかゝりにするは正直なる所也」という見解が意識の中にあったのではないかと推察される。すなわち、自分の物と他人の物をはっきりと区別し、貸借関係についてもきちんと済ませ、正直でなければならず、ほんの少しでも私欲を持ってはならないという見解である。

最後の「宥免なくして、如何様の咎に逢ふても…」は、翁の見解であるが、もしも奉公先の主人が『易経』（解

象）にあるように「赦過、宥罪（過失は赦してやる。自ら招いた罪でも寛大に扱う）」と言ってくれればよし、そうではなくどのような罰を受けたとしても、「人間らしい真心さえあれば、身の過ちを悔いてやり直すことができる。ましてや、誰かを恨むことなどあってはならない」と、この男にもまだ未来があることを懇々と諭しているのである。

七「次は誰じや」

「この①わんばくでございます」

「歳は十か、九つか。②ずつと寄つて手を出した。はて、珍しい③手の筋。精出して手習ひすれば、④くつと⑤手の上がる筋。惜しい事は手習ひが⑥嫌ひさうな。習はねば一生⑦無筆で人に笑はるる筋もある。さてこの六月七月には、水に溺るるといふ小筋が有る。川へゆく事ならぬぞ。どれ、右の手を出した。この月は⑧剣難の筋が見ゆる。指を切るか、手を突くか。小刀細工のならぬ月じや。さてまたここに迷ひ子になるといふ恐ろしい筋がある。むかひ隣へ行くにも親たちに問ひ、行けとあれば行き、行くなと有れば行かれぬ。断りなしに行くが最期。人買ひに連れて去《い》なるゝ、怖い手の筋。これ、お袋、灸の事も言はうか」

「次いでに御頼みまうします」

「どれ、脈を見て遣らう。この月は煩ふも知れぬ月じや。⑨身柱《ちりけ》と　⑩すぢかひ　⑪すゑねばならぬぞ。また来月つれてござれ」

注

①わんばく…「わんぱく」ともいう。「腕白」は当て字。子どもがいたずらで言うことを聞かないこと。活発に動き回ったり、悪さをしたりすること、また、そういう子ども。

②ずつと寄つて手を出した…ずいっとこちらに寄って手を出しなさい。「ずつと」は「ずいと」に同じ。「た」は、過去・完了の助動詞だが、「ちょっと待った」「そこをどいた、どいた」のように文末で使用し、動作の実現を促す意を表す。

③手の筋…手のひらに現れたすじ。その形や相がその人の運命を示すという。占い師などが見る。

④くつと…「ぐつと」に同じ。基準とした物事と比較して、差が非常に大きいさま。一段と。

⑤手の上がる…文字が上手になる。

⑥嫌ひさうな…嫌いな様子だ。

⑦無筆…文字を読んだり書いたりすることを知らないこと。読み書きができないこと。

⑧剣難…刀や刃物などで傷つけられたり殺されたりする災難。
⑨身柱…「ちりげ」ともいう。灸点の一つ。うなじの下、両肩の中央、脊椎骨の第三椎の下。
⑩すぢかひ…背中にある灸点の一つ。脊椎の左右に一カ所ずつある灸のつぼで、小児の風邪や胃腸病の予防に効果があるといわれる。『浮世物語』（二・二）にも「風門《ちりげ》・筋違《すぢかひ》に灸をしたれば、鬼の如く健やかになれり」とあるが、「身柱」と「筋違」という、この二点は灸のつぼとして効果の高い重要な場所といわれる。
⑪すゑねば…お灸を据えなければ。

校異
五十四頁　三行目「嫌ひさうな」↑底本は「嫌ひさふな」、五十五頁　二行目「まうし」↑底本は「もふし」、三行目「遣らう」↑底本は「遣ろふ」、「すぢかひ」↑底本は「すじかい」、「すゑねば」↑底本は「すへねば」

解説
近世の時代の子どもたちは、金銭を支払って寺子屋で、いわゆる「読み書きそろばん」と呼ばれる、読書・書写・算数などを学んだ。寺子屋で子どもたちの師となったのは、僧侶・神官・武士・医師などであった。子どもたちは、そうした師から寺子屋で必要な実学の基礎を身につけたのである。一方、儒教に基づいた「孝」や「礼」などの道徳や作法を学ぶ場所は別の所であった。
石田梅岩は、京都にあった自分の居宅を開放して心学の講義を行ったが、そのとき門前に、何月何日開講、席銭入不申候、無縁にても御望の方々は、無遠慮御通り御聞可被成候（何月何日開講します。月謝はいただきません。紹介者も必要ありませんので、遠慮なく聴講くださいませ）

と貼りだし、庶民の自由参加を促した。講義の教材としては、『四書』・『孝経』・『小学』・『近思録』などの儒教書に加えて、『荘子』や『徒然草』などが用いられた。また、その一番弟子、手島堵庵も梅岩と同じように、開講の日を定め、普段着で参加するように促し、「席料音物謝礼等一切うけ不申候」と触れを出した。そのように心学の受講は、基本的に初めから無料であったのである。

翁は、「むかひ隣へ行くにも親たちに問ひ、行けとあれば行き、行くなと有れば行かれぬ。断りなしに行くが最期。人買ひに連れて去なるゝ（連れて行かれる）、怖い手の筋（怖ろしい手相）」と語ったが、これは、手島堵庵が『前訓』（口教・一）で、子どもが外出する場合の注意事項として述べた、

いづかたへも御出のときは手を御つきなされ候て、とゝ様かゝ様へたづねなさるべく候。これもゆけと仰せられ候時は、手を御つきなされ。参てさんじましと御申なされ、御出なさるべく候。御帰りなされ候ときもまた〱手を御つき、只今帰り候と御申あげなさるべく候。御遊びもひさしく外に御ざ候へば親ご様あんじなされ候間、折々御帰りなさるべく候

という一節を踏まえているものと思われる。堵庵はいろいろ細かく具体的に例を挙げて述べているが、その主旨は、孝行の勧めというところにある。つまり、親に心配を掛けないことは、孝行の大事な一つだということを述べているのである。また、堵庵は同書（口教・二・三）で、

一．何にかぎらず偽《うそ》をいふたり為《し》たりはなされぬものにて候、
一．遊び事にもあしき事はなされぬものにて候、
一．殺生をする事は甚あしき事にて候、
一．人のかたわなるを見て笑はぬものにて候、
一．衣服食物に好言《こごと》を申さぬものにて候、

と、いくつかの徳目を取り上げている。

ところで、話題は突然、「これ、お袋、灸の事も言はうか」という言い方で、子どもの母親に灸を勧める内容になるが、これは前段の親孝行との関連で出てきたものと考えられる。灸と親孝行との関連については、同書（口教・四）に、

毎月一度灸《やいと》をすゆる事これ御孝行のためと御心得なさるべく候。是は何故なれば、毎月灸を御すゑなされ候得ば、父様母様《ととさまかかさま》ともに此方《こち》の子は灸をよくすゆるゆへ疫病《はやりやまひ》もうつるまじ、食あたりもあるまじと、安堵なさるゝなり。畢竟《つまり》あつさはしばしの間にて御両親《おんふたおや》の御心の痛みを易くし、大きに御孝行になり申候

とあり、それが孝行話の延長線となっている。

なお、「やいと」については、堵庵の『児女ねむりさまし』（いろはうた）にも「やいとをすやれ孝行ものじや親も悦ぶ身も無事な」とあり、堵庵が灸による健康法に重きを置いていたことがわかる。だが、漢方医学や鍼灸について深い知識を持っていた貝原益軒は、これより六十年以上も前に『養生訓』（一一五）で、薬の使用や鍼灸などについては、

凡《およそ》薬と鍼灸を用るは、やむ事を得ざる下策なり。飲食・色慾を慎しみ、起臥を時にして（規則正しく）、養生をよくすれば病なし。（中略）参ぎ（じんぎ・朝鮮人参）・朮甘《じゅっかん》の上薬といへども、其病に応ぜざれば害あり。況《いはんや》中・下の薬は元気を損じ他病を生ず。鍼《はり》は瀉（吐いたり下したりすること）ありて補なし。病に応ぜざれば元気をへらす。灸もその病に応ぜざるに妄《みだり》に灸すれば、元気をへらし気を上す。薬と針灸と、損益ある事かくのごとし。やむ事を得ざるにあらずんば、鍼・灸・薬を用ゆべからず。只、保生の術を頼むべし

と述べている。薬や鍼灸のような治療法は、病気になってから用いるもので、それよりもふだんからの健康管理の方が大切であることを説いている。この考え方は現代でも通じるものであるが、「やいと」を健康維持のためにと勧める堵庵の考え方は、個人的な好みによるものといってよいだろう。虚白斎は、その影響を受けて、日常の健康管理にも灸を据えることがよいと思っていたのだろう。

八　「その次は誰じや」

「①これは②元より③下京に住居する好風と申す按摩《あんま》にて候ふ。我、④母の親を持ち、心一杯孝行を尽せども、ある夜不思議の夢も見ず、今に⑤釜も掘り出さねば、昔に変はらぬ貧しき暮らし、⑥天道未だ御存じなきか。⑦但しは誰ぞと間違ひは致さぬか。御考へ給はるべし」

翁、笑ひを忍んで曰く、「それ、孝は、子たる者の尽すべき役にて尽すなり。その尽すべき役にて孝行、何の不思議ありてか福《さいはひ》を待たん。さてまた、不孝なる者は、雷にも打たれ、蛇《じや》にも呑《の》まれん。これ、尽すべき役の孝行を尽さざる天罰なり。また、尽すべき役の孝行を尽し、福の来るを期《ま》つは、価を取つて⑧駕籠《かご》をかき、その乗せたるを恩に着せ、益を貪る駕籠かき同然。誠の孝子は然《しか》らず。孝行を孝行と思はずして孝行を尽す。これ心に尽し足らざればなり。汝《なんぢ》は自ら孝行を孝行と思へり。孝行を孝行と思ひて尽す孝行は、孝行にかぎりあり。きのふは何程の孝行を尽し、けふは是々の孝を尽しぬ。明日も⑨何がな能《よ》き孝行が尽したいと、孝行を拵《こしら》へて尽す。これはただ親を悦《よろこ》ばしめんと諂《へつら》える孝行なり。是を⑩左平治《さへいぢ》孝行とて、世間にまゝ有る孝行なり。⑪むかし人の曰く、『⑫碁は勝たんと打つべからず。負けまじと打つべし』⑬親には気に合はうとすべからず。背かじとすべしとなり。背かじとする孝行は影《かげ》日向《ひなた》なし。合はうとする孝行は拵へ物にて、先に所謂《いはゆる》左平治孝行なり。かくいへばとて、汝を不孝と譏《そし》るにはあらず。⑭孝行は真似でもすべし。⑮ある国の太守、狩りに出で給ひしとき、老母を負ひて過ぐるものあり。太守見給ひ、その故を問ひ給ふ。里人の曰く、『彼は平生孝行にはなき者なり。太守、孝子には御褒美《ほうび》を給ふと聞き、老母を負いて孝行を似せ、御褒美を貪《むさぼ》るえせ者なり』と答ふ。人を易《か》へて問ひ給ふに、答へまた前の如し。太守の曰く、『世上には悪しき真似をする者多し。彼は善き真似をする者なり』とて、御褒美数多《あまた》給はりぬ。太守の仁徳に感じ、かのえせ者、誠の孝子になりし⑯とかや」

注

①これ…自分。わたし。
②元より…初めから。以前から。
③下京…京都の二条通り以南の称。中小の商人などの庶民が住んだ街。
④母の親…ここでは、母親のこと。この「の」は同格の用法で、母である親ということになる。
⑤釜も掘り出さねば…金持ちになる黄金の釜も掘り出さないので。自分の母親を養うため、やむなく一子を土に埋めようとして穴を掘ったところ、黄金の釜が出て来て金持ちになったという孝行者の故事による。【解説】参照。
⑥天道未だ御存じなきか…神様は（私の孝心を）まだご存じないのか。不満の気持ちを表している。「天道」は、天地を支配する神。天帝。
⑦但しは…あるいは。それとも。
⑧駕籠をかき…駕籠をかつぎ。「駕かき」は駕籠をかつぐ人夫。
⑨何がな…何か。何かあればいいなあ。「がな」は、願望や希望を表す終助詞。

⑩左平治孝行…口先だけの親孝行。功利的な親孝行。「左平治」とは、浄瑠璃世界の隠語で、余計な口出しをすること。追従を言うこと。出過ぎた真似をすること。

⑪むかし人…昔の世の人。古人。ここでは、『徒然草』の作者、吉田兼好を指す。

⑫碁は勝たんと打つべからず。負けまじと打つべし…碁は勝とうと思って打ってはならない。負けまいという気持ちで打つべきだ。「負けまじ」は、文法的に誤り。「まじ」は、活用語の終止形に付くので、本来は、未然形に接続する「じ」を用いて、「負けじ」とするのが正しいが、本文を改めることはしなかった。

⑬親には気に合はう…親から気に入られよう。「気に合ふ」は、心にかなう、気に入るの意。

⑭孝行は真似でもすべし…「善い事は真似でもせよ」ということわざと類似。なお、『近世庶民教育思想』（石門心学）には「真似ても」とあるが、底本の通り「真似でも」がよいだろう。

⑮ある国の太守…ある国の殿様。以下に述べられた孝行譚は、水戸光圀がほうびを与えた「孝子弥作」の逸話に一部類似性があるが、虚白斎の創作によるものと思われる。

⑯とかや…と聞いている。とか言われている。格助詞「と」に係助詞「か」が付き、さらに間投助詞「や」が付いたもので、文中または文末にあって、不確実な伝聞を表す。

校異

五十九頁　一行目「孝行《かうかう》」←底本は「こうこう」、二行目「天道《てんたう》」←底本は「てんとう」、六十頁　九行目「合はう」←底本は「合はふ」、十二行目「故《ゆゑ》」←底本は「故《ゆへ》」、六十一頁　一行目「給ふと聞き」←底本は「給ふと聞く」。『近世庶民教育思想』（石門心学）には、「給ふと聞き」とある。これに従う。「えせ」←底本は「ゑせ」

解説

下京に住むある按摩が親孝行に精を出したが、ことわざに言う「夢に牡丹餅《ぼたもち》（夢ではないかと思うほどの思いがけない幸せ）」というような「不思議の夢」も見ないし、「釜を掘り出す」ような幸運もないと翁に愚痴をこぼす。

按摩が言った「釜も掘り出さねば」ということばは、『二十四孝』（十三孝・為母埋児）にある、

漢朝。郭巨家貧。有子三歳。母嘗減食与之。巨謂妻曰、「貧乏不能供母。子又分父母之食。盍埋此子」及掘抗三尺。得黄金一釜。上云「官不得取。民不得奪」有詩為頌（漢の時代の人、郭巨の家は貧しかった。妻に子供が生まれ三歳になった。郭巨の母は自分の食べる分を減らして孫に与えていた。郭巨が妻に言うには「我が家は貧しく、食べ物を母に差し上げることもできないのに、両親の食べ物を子どもに与えていてはだめだ。この子を土の中に埋めよう」と、穴を三尺の深さまで掘ったところ黄金の釜が一つ出て来た。その釜には、「官はそれを取ってはならない。民はこれを奪ってはならない」と書かれており、彼らを讃えるものとなっていた）

という孝行話の一節を踏まえている。按摩は、一生懸命に親孝行をしているのに何のほうびももらえないことが不満で、「天道未だ御存じなきか。但しは誰ぞと間違ひは致さぬか（神様は私の孝心をまだご存じないのか。あるいは、誰かと間違えてはいないだろうか）」と語るが、翁は笑いを忍んで「尽すべき役の孝行を尽し、福の来るを期つは、価を取つて駕籠をかき、その乗せたるを恩に着せ、益を貪る駕籠かき同然。誠の孝子は然らず（子として当然尽くすべき役の孝行を尽くし、福が来るのを待つという考えは、料金を取って駕籠をかつぎ、その乗せたことを恩に着せ、利益を貪る駕籠かきと同じだ。本当の孝子という者はそうではない）」と答えた。

按摩が親孝行によるほうびをほしがるには理由がある。孝行によって幸せがもたらされる話は、上記以外の『二十

四孝』にもいくつか見られるし、『論語』や『孟子』の中でも繰り返されている。さらには、梅岩の『斉家論』（上）では、世間の見本となるような親孝行をした人物に対して、「公の御恵」という形で、ほうびが与えられた実話が複数紹介されている。それらは現実にあったことなので、親孝行によってほうびをもらえるという話は、多くの人々の間に浸透していたものと考えられる。それらの影響を受けた江戸時代の庶民が、孝行すれば人からも認められるしほうびももらえる、と思ったとしても不思議はないのである。

　虚白斎が書いたのと同じような趣旨の話は、すでに『都鄙問答』「孝の道を問の段」に見える。そこには、

（門弟）曰、壮年の比《ころ》よりは、孝行の心付も有ゆへに、何の不孝もいたさず、随分心一盃《いつはい》つとめ候へども、是ほどの孝行は、世間にも有ることなれば、天下に誰と、名を呼ばる丶ほどの、孝行を勤見申度候《つとめみまうしたくさうらふ》。如何様《いかやう》に致し然るべく候や。

（梅岩）答、父母の心に逆《さか》はず、我顔色温和《われがんしよくをんわ》にして、親の心を痛めざるやうに、事《つかふまつ》るは、孝行とも云べきか。

（門弟）曰、父母の心に逆《さかは》ざると、顔色温和にすることは、軽《かろき》ことにて勤《つとま》りやすきことなり。たとひ能《よく》すればとて、内證《ないしやう》のことなれば、世に呼ばる丶程のことは有まじく候。我云所《いふところ》は他人の目にも発知《はつしり》と立《たつ》ほどの勉見《つとめみまう》申度候《したくさうらふ》。

（梅岩）答、汝の云《いへ》る所は、名聞《みやうもん》にて真実を以て、父母に事《つかふまつ》るとい云ふものにあらず。其の名聞あれば、利欲も甚《はなはだ》多からん。名利《みやうり》の勝者《かつもの》は、必《かならず》仁義の心薄《うす》し。孝行は仁義の心よりなす者なり

とある。そして、翁は「きのふは何程の孝行を尽し、けふは是々の孝を尽しぬ。明日も何がな能き孝行が尽したい」

というように、「孝行を拵へて尽す」功利的な孝行のことを「左平治孝行」と呼び、「世間にまゝ有る孝行なり」と断じた。さらに、『徒然草』（百十段）にある、「勝たんと打つべからず。負けじと打つべきなり」という一節を引用した。それは、

双六の上手といひし人に、その手立てを問ひ侍りしかば、「勝たんと打つべからず。負けじと打つべきなり。いづれの手か疾く負けぬべきと案じて、その手を使はずして、一目なりともおそく負くべき手につくべし」と言ふ。道を知れる教へ、身を修め、国を保たん道も、またしかなり（双六の名人といわれた人に、その必勝法を尋ねましたところ、「勝とうと思って打ってはならない。負けまいと思って打たなければならないのである。どのような一手がたちまち負けにつながるだろうかと深く考えて、その手を使わないで、たとえ一目であっても遅く負けるような手を使うのがよいのだ」と名人が答えた。その道を究めた人の教えであり、我が身を修めたり、国を保とうとする道も、またそのようなものなのである）

というものだが、『徒然草』（百十段）での趣旨と、この文脈での使われ方とはかなりの違いがあるように見える。兼好は、これに先立つ百九段で「高名の木登り」のことを述べたが、この百十段もそれに引き続いて、名人や上手のことばを取り上げて、それぞれの道を究めた人の非凡なる境地について繰り返し述べた。その主眼は、名人たちの技量や見識の高さを讃えるところにあったが、加えて「その道」を究めるには、並たいていな努力では叶えられず、日々の精進が大切だということを説くところにあった。そして、「その道」を究めるように努力することは、身を修めるという個人の道徳から、国を保つという聖人の道徳にまで至ることにもつながると述べたのである。

一方、翁は「碁は勝たんと打つべからず。負けまじと打つべし」と語り、そのあと「親には気に合はうとすべから

ず。背かじとすべしとなり。背かじとする孝行は影日向なし。合はうとする孝行は拵へ物にて、先に所謂左平治孝行なり」と続けたが、後半で述べたことばの中に『徒然草』（百十段）を引用した目的が潜んでいる。すなわち、虚白斎が主張する眼目は、相手をどういう方法で打ち負かそうかとか、親にどのように孝行しようか、などという目的を持った積極的な意志によるあり方ではなく、「背かじとする孝行」というような消極的、かつ無意識的な、自然体の親孝行をすることが大切だという点にあるのだろう。その背景には、親を絶対的な存在とし、無意識的・盲目的に親に服従することが重要だという考え方が潜んでいると見るべきである。

なお、虚白斎は、「左平治孝行」を必ずしも全面否定しているわけではなく、「孝行は真似でもすべし」と翁に語らせ、孝行の真似事をした人物を紹介している。さらには、その「えせ者」であった人物が「御褒美数多給はり」、「太守の仁徳に感じ」、「誠の孝子」になったという形でこの講話を結んでいる。虚白斎がそう書かざるを得なかったのは、当時すでに親孝行の風潮がすたれ、親不孝者が数多く見受けられるという社会的な背景があったように思われる。

九　「次は誰じや」

「私は失せ物に付いて、御占ひが頼みたし。一両日以前、①金子五両硯箱《すずりばこ》の引き出しへ入れ、②折節客来に取りまぎれ、忘れ置きしが、今朝ふと思ひ出し、引き出しを見るにその金なし。もし覚え違ひもやと③思案の底を叩き、紙屑籠《かみくずかご》までさがせども、④さらに見えず。かれこれ思ひ巡らすに、疑はしき事ありて、潜かに心を付けて見るに、その人の顔色、ものの言いさま、立振舞に至るまで、確かにこの人の仕業とは見えながら、これといふ証拠もなし。言ひ出して悪しからんや、善からんや。御考へ給はるべし」

翁の曰く、「過つて人を疑へば、人と我と共に亡ぶ。危ふし〱。昔、⑤斧《をの》を失ふ人あり。その隣の子を疑ひ、その顔色、声音、起居、動作を見るに、ひとつとして盗人にあらざるはなし。日を経て外よりかの斧を持ち来たり、永々借用辱《かたじけな》しと返弁す。斧主初めて疑ひ晴れ、そののち隣の子を見るに、顔色、声音、起居、動作、微塵《みぢん》も盗人臭き処なし。これらはこれ、斧に心を失ひし者なり。汝《なんぢ》もその失ひし金を尋んより、先づその失ひし⑥本を尋ね見るべし。⑦唐土に二人、羊を飼ふ者あり。その一人は、書に見入りて羊を失ひ、また一人は、博奕《ばくえき》して羊を失ふ。その所作は異なれども、羊を失ふに至りては一つなり。その羊を失ふは、まづ、本心を失へばなり。書物も書物の見やうによって、その本心を見失ふ。⑧況《いはん》や⑨博奕、名聞、利欲、色欲においてをや。恐るべしく」

注

①金子五両…近世の貨幣の単位で一両金貨五枚。現代の貨幣価値で五十万円ほど。
②折節…ちょうどその時。たまたま。
③思案の底を叩き…深く思案を出しつくし。引き出しの中のものをすべて外に出して金子五両を探したことを暗示する。「底を叩く」は、中にあるものを全部出しつくす。「底を叩《はた》く」ともいう。底を払う意。
④さらに見えず…まったく見当たらない。副詞「さらに」は、否定語と呼応して「まったく～ない。少しも～ない」という意を示す。
⑤斧を失ふ人あり…『列子』（説符篇）が原典。【解説】参照。
⑥本を尋ね見るべし…原因を調べてみなさい。それに加えて、人間としての根本の修養に努力しなさい。原典は『論語』。【解説】参照。
⑦唐土に二人、羊を飼ふ者あり…『荘子』（外篇・駢拇篇）が原典。【解説】参照。
⑧況や…言うまでもなく。ましてや。まして～はなおさら～である。漢文訓読から生まれた語法で、「をや」と呼応す

ることが多い。

⑨博奕、名聞、利欲、色欲においてをや…賭博をすること、名誉をてらうこと、利益を貪ること、男女間の情欲などについては、なおさらである。『孟子』（離婁章句・下・不孝者五）が原典。【解説】参照。

校異

六十七頁　一行目「御《おん》占ひ」→底本は「御《を》」。この語のルビは「お」「を」「おん」など各種あって不統一。「折節《をりふし》」→底本は「折節《おりふし》」、二行目「覚え違ひ」→底本は「覚へ違ひ」、三行目「底を叩《はた》き」→底本は「底を叩《たた》き」、六行目「斧《をの》」→底本は「おの」、六十八頁　一行目「博奕《ばくえき》」→底本は「博奕《ばくゑき》」

解説

商家の主人とおぼしき者が紛失した金子五両の行方を占ってもらおうとする。硯箱の引き出しに入れたつもりだが、どこを探しても見つからない。周囲に疑わしい人物がいるが、口に出して聞いてみてもいいだろうかという問いである。対する翁は、「過つて人を疑へば、人と我と共に亡ぶ。危ふし〳〵」と答えて、それが危険な行為であり間違った考え方であることを諭すために「斧を失ふ人」の例を引き合いに出して語る。翁が語るその逸話は、『列子』（説符篇・第三十三章）にあるもので、「疑心生暗鬼（疑いの心が起こると、ありもしない恐ろしい鬼の形が見えるように、何でもないことが恐ろしく感じられたり、疑わしく感じられたりする）」ということわざのもとになったものである。

人有亡斧者、意者隣之子。視其行歩、窃斧也。顔色窃斧也。言語窃斧也。作動態度、無為而不窃斧也。俄而掘其穀而得其斧。他日復見其隣之子、動作態度、無以窃盗斧者。

右に挙げた漢文の詳しい内容は、次のようである。「ある人が斧をなくした。あちことを探し回ったが見つからなかった。彼は誰かが盗んだものと思うようになった。そして、隣の子が怪しいと思うようになり、その歩き方や顔色、話し方や動作・態度に至るまで、何一つとして斧を盗んでいないようには見えなかった。だが、穀物を掘っているとその斧が出てきたではないか。その後、隣の子を見ると、動作や態度に斧を盗んだような様子はまったく見受けられなくなった」というものだが、心に疑いを持つと、関係のない人まで疑わしく思えたりする、というのがこの一節の主旨である。なお、これに類似した話は以後多くの書物で紹介されている。

翁はそれに続けて、「これらはこれ、斧に心を失ひし者なり。汝もその失ひし金を尋んより、先づその失ひし本を尋ね見るべし」と語り、斧に完全に心を奪われていたために、見る目が曇って人にあらぬ疑いを掛けることになったことを「ある人」に諭し、さらに、金を探すことよりもなくす原因となったその本質を探る方が大切だということをわからせようとした。そして、「唐土に二人、羊を飼ふ者あり」という話を引用した。その原典は『荘子』(外篇・駢拇篇)にあるが、

臧与穀、二人相与牧羊而倶亡其羊。問臧奚事、則挟筴読書。問穀奚事、則博塞以遊。二人者、事業不同、其於亡羊、均也

というものであり、その内容は、「臧と穀という二人の人物がそれぞれ羊の番をしていたが、ともに羊に逃げられてしまった。その原因は、臧が読書をしており、穀が博打をしていたところにある。確かに、読書と博打ではその意味

において大きく異なるが、仕事を怠って羊を失った点では同一である」というものである。この話は、前の話題とあまり関係がなさそうに見えるが、実は二つの引用の間にはさまれた「先づその失ひし本を尋ねみるべし」にある「本」の重要性という点でつながりがある。

さて、ここで押さえておかなければならないのは「本」とか、後に出て来る「本心」という語である。「本」という語を用いたのは、おそらく『論語』（学而・第一・二）を意識したものと思われるが、そこには、有子のことばとして、「君子務本。本立而動生。孝弟也者其為仁之本與（君子は人間としての根本の修養に努力する。根本が確立すると生きる道がわかるからだ。親に尽くすことと目上の人を敬うこと、すなわち孝弟が人間愛の根本としての仁であるからだ）」というものがある。つまり、人はすべて、何事についても末梢的な些細なことや、形式にとらわれず根本としての孝弟を心がけておけばよいということである。

また、「本心」という語については、虚白斎の師、手島堵庵がさまざまな文献で繰り返し取り上げている。『知心辨疑』には、「我が師、『都鄙問答』に『孟子、心を尽くす者は性を知る』の説に従ひ用ゆることをいへり。『本心を知る』は『則ち性を知る』と同じ。性は理にして諭しがたし。故に『本心を知る』と説《とく》のみ。（もとは漢文であったが、それを書き下し文にし、「」・『』・読点などを挿入したのは筆者）、とあり、さらに、同じく堵庵の『会友大旨』（講義旨趣）にも、

抑も日々に心徳を磨とは則日新《じつしん》の工夫をいふなり。新《あらた》にするとは古き垢を洗ひさるをいふなり。本心を知りて見れば心徳元来新也。赤子の時たれか心の汚れたる者あらんや。垢とは人我《にんが》也。道は則ち本心なり（そもそも心の徳を磨くというのは、すなわち、日々精神の修養に心をこめることをいうのである。心を新たにするというのは、古い垢を洗い流すことをいうである。人間の本心というものを考えてみれば、心の徳というものはもとも

と新しく汚れのないものなのである。生まれたばかりの赤子の時、誰か心の汚れている者などあろうか。垢というものは、心の奥に潜む我執である。道とは、すなわち人間が本来持っている汚れのない心である）。（中略）

主君へ臣《けらい》として不忠あれば其本心安からず。これ心徳を欺くゆへなり。父母へ子として不孝あれば其本心安からず。是心徳を欺くゆへなり。兄弟の交り、兄友愛にたがひ弟敬宜をわするれば其本心安からず。是心徳を欺くゆへなり（主君に対して家来として忠義に背くことがあれば、その良心は穏やかではいられない。これは汚れない心の徳を欺いたからである。父母に対して子として孝の道に背くことがあれば、その良心は穏やかではいられない。これは汚れない心の徳を欺いたからである。夫婦の間で、夫が正しい筋道に立たず妻を大切にする心を失い、妻が操を立てず従順な心を失えば、その良心は穏やかではいられない。これは汚れない心の徳を欺いたからである。兄弟の交わりにおいて、兄が兄弟の間の情愛に背き、弟が兄への敬愛の心を忘れれば、その良心は穏やかではいられない。これは汚れない心の徳を欺いたからである）

とある。すなわち、堵庵の言う「本心」とは、人間にもともと備わっている善良な心のことで、「性善説」を唱える孟子の言う「心」の考え方と同じである。孟子は、「尽心章句・上」で、「尽其心者、知其性也。知其性、則知天矣。存其心、養其性、所以事天也（自己の本心を十分に発展させた者は、人間の本性を悟るであろう。本性を悟れば、すなわち天命を悟るのだ。なぜなら、人間の本心を保ち、人間の本性を養うことが、天に奉仕することであるからだ）」と述べた。虚白斎は、これらの文献や思想などから深い影響を受けてこの講話を書いたものと推察される。

なお、最後の「況や博奕、名聞、利欲、色欲においてをや」についても、『孟子』（離婁章句・下・不孝者五）に孟

子のことばとしてある、

世俗所謂不孝者五。惰其四支、不顧父母之養、一不孝也。博弈、好飲酒、不顧父母之養、二不孝也。好貨財、私妻子、不顧父母之養、三不孝也。従耳目之欲、以為父母戮、四不孝也。好勇闘狠、以危父母、五不孝也（一般人におけるいわゆる親不孝な例は五つある。自分の手足を使うことを怠って働かず、父母の生活を顧みないのは第一の不孝である。博奕をして飲酒を好み、父母の生活を顧みないのは第二の不孝である。金銭や財産を好み妻子だけを大事にし、父母の生活を顧みないのは第三の不孝である。耳や目の欲望をほしいままにし、それで父母の恥辱になるようなことをするのは第四の不孝である。勇ましいことを好みけんか口論をし、それで父母を危険にさらすのは第五の不孝である）

という一節を踏まえたものであろう。さらには、講話五【注】⑱に取り上げた、手島堵庵の『座談随筆』の「人欲とは色の欲と、利《むさぼ》る欲と、名の欲と、この三つは、老人でも、血気さかんな人でも、年若な衆でも、三ツながらのがれぬものでござる」という一節も考慮に入っていたことだろう。だからこそ、人欲克服の難しさを考えて「恐るべしく〳〵」と結んだのである。

虚白斎がこのことばで講話を結んだのは、田沼時代の退廃した社会的・文化的な背景があったからである。腐敗と汚職にまみれ、道徳が地に落ちた時代にあって、儒者たちがいかに「人の道」を説いても庶民にはあまり浸透しなかったものと思われる。

この時代の人気狂歌師、蜀山人・四方赤良は、

世の中は色と酒とが敵《かたき》なりどふぞ敵にめぐりあひたい

と詠んだ。赤良は「敵」を「色と酒」としたが、これを「色と金」としても「名聞と利欲」としても、その言わんとするところに何ら変わりはない。庶民世界にこうした「三欲」を貪る風潮が蔓延していたからこそ、このような皮肉な狂歌が庶民に共感を持って受け止められたし、赤良の一連の作品が絶賛を浴びる元となったのである。

それに対して、虚白斎は、庶民のこうした風潮を感化しようとしたのであるが、なかなかそれが進まないといういらだちを「恐るべし〳〵」ということばで表現したのであろう。

十　「その次は誰じや」

「(1)鳥目一銭にて百病の薬有りと聞く。御考へ如何」

翁の曰く、「(2)不断保養に灸《きう》すべし。(3)古書に曰く、『聖人は已《すで》に病むを治《ち》せず、(4)未だ病まざるを治す。已に乱るるを治《をさ》めずして、(5)未だ乱れざるを治む。病すでに成りて、而《しか》して後に之《これ》を薬し、乱すでに成りて、而して後に之を治む。譬《たと》へば、猶《なほ》(6)渇して井を穿《ほ》り、闘うて兵を鑄《い》る如し』ト、已に病めるを療ずるは、衣の垢《あか》を濯《あら》ふが如し。一濯々々にて、強く成るか、弱く成るか」

第一孝によし

能書き　臣には忠によし
　　一々挙ぐるいとまなし」

また問ふ。「ひとつの夜具に十人寝て、寒からざる考へありと聞く。如何」

答へて曰く、「⑦何程結構なる⑧純子《どんす》、⑨繻珍《しゅちん》の夜具なりとも、二人は知らず、三人は寝られまじ。これを木綿の夜具にせば、十人も十五人も寝らるべし。⑩寒夜に御衣を脱ぎ給ひし天子もあり。⑪恐れながら、一人木綿を堪忍すれば、十人寒苦を凌《しの》ぐべし」

注

①鳥目一銭…銭《ぜに》一枚。わずかな金。鳥の目に似ていることからそう呼ばれた。

②不断保養に灸すべし…日頃から体を休ませて灸を据えるなどせよ。

③古書…ここでは、『老子』を指すか。あるいは、『養生訓』を含むものか。

④未だ病まざるを治す…病気にかからないように健康に留意させるという趣旨。「聖人は已に病むを治せず」と対になっている句であるが、この一節は『老子』には見あたらない。ただし、貝原益軒の『養生訓』に類似のものがある。【解説】参照。『近世庶民思想』（石門心学）には「病まざるに」とあるが、底本通り「病まざるを」とする。

⑤未だ乱れざるを治む…まだ、混乱にならないうちに事態を秩序立てておく。『老子』（道徳経・下篇）が原典。【解

説】参照。

⑥渇して井を穿り、闘うて兵を鏤る如し…咽が渇いてからあわてて井戸を掘り、戦いが始まってから武器を用意するようなものだ。事が起きてから準備をするのでは、手遅れであるということのたとえ。

⑦何ほど結構なる…どれほど立派な。どれぐらいすばらしい。

⑧純子…底本には「どんす」とルビがあるので、「鈍子」の誤記か。絹織物の一種。生糸や縦横異色の練り糸を用いた高価な絹織物。

⑨繻珍…繻子の地合に数種の絵緯糸を用い、浮織や斜文織として文様を織り出したもの。女の帯・羽織裏・袋物に用いる。

⑩寒夜に御衣を脱ぎ給ひし天子もあり…古来の伝説・俗説を集めた井沢長秀の『公益俗説弁』（巻六・天子）の「延喜帝、寒夜に御衣をぬぎて民の苦を知給ふ」を指すのであろう。

⑪恐れながら、一人木綿を堪忍すれば…畏れ多いことであるが、（天子）お一人が木綿で我慢すれば、十人もの者が寒さをしのぐことができる。

校異

七十四頁　一行目「鳥目《てうもく》」↑底本は「鳥目《ちゃうもく》」、三行目「治《をさ》め」↑底本は「治《おさ》め」、四行目「井《ゐ》」↑底本は「井《い》」、「療《れう》ずる」↑底本は「療《りやう》ずる」

解説

ある人物が尋ねた「百病の薬」の存在は知られていない。仮にあったとしても、「鳥目一銭」というただ同然の金額では、手に入れることのできる代物ではない。翁は、こうした荒唐無稽な質問に対しては真っ向から答えることをせず、「不断保養に灸すべし」とあいまいに答えておいてから、話題を転じて、「聖人は已に病むを治せず、未だ病まざるを治す」と説いた。その中のことば「未だ病まざるを治す」については、『老子』からの引用がほのめかされているが、『老子』にはその一節は見られない。あとに挙げる貝原益軒の『養生訓』（一三六）との混同かも知れない。

聖人は未病を治すとは、病まだおこらざる時、かねてつつしめば病なく、もし飲食・色欲などの内慾をこらえず、風・寒・暑・湿の外邪をふせがざれば、其おかす事はすこしなれども、後に病をなす事は大にして久し（聖人は、未病を治すとは、まだ病気にならないうちに、前もって用心していれば病気は起こらないが、もしも暴飲暴食や多淫などの内欲を抑えなかったり、風・寒・暑・湿などの外邪を防がなければ、それらを犯すことは少しずつであるが、後には大きな病にかかり長く続くものである）

右記の内容は、翁の語ったことばときわめて高い類似性を持っている。益軒の言う、病気になる前の平生の健康管理の重要性と、翁の言う「未だ病まざるを治す」とが一致している。ただ、両者には一点だけ違いがあることを指摘しておかなければならない。翁は「不断保養に灸すべし」と健康管理の上で日常的に灸を据えることを勧めているが、益軒は講話七【解説】で前述したように灸はあくまで治療として行うべきだと主張している点がその違いである。

なお、翁が続けて語った「已に乱るるを治めずして、未だ乱れざるを治む」については、『老子』（道徳経・下篇）にある一節、其安易持、其未兆易謀。其脆易泮、其微易散。為之於未有、治之於未乱（物事は、それが安定しているうちは維持しやすい。その兆しが現れないうちは処置しやすい。それが脆いうちは溶かしやすい。それが小さいうちは散らしやすい。まだ問題が起こらないうちにそれを処理し、まだ混乱が生じないうちに事態を秩序立てておくことだ）

と関連性を持っている。すなわち、世の中のすべての物事は、大事に至る前に正しく処理しておくことが大切だということなのである。その中には、病気にかかる前に健康に留意し、かかったならば軽いうちに手当てをすることも含まれるだろうし、仕事についても手始めの小さなことからきちんとやり遂げることも含まれるだろうし、世の中の混乱についても微少な間に処理することも含まれるだろう。

ところで、前段の終わりにある「卜、已に病めるを療ずるは、衣の垢を濯ふが如し。一濯々々にて、強く成るか、弱く成るか」という一節は、締めくくりのことばでありあるか、その意図するところがわかりにくい。まるで禅問答のようにも見えるが、前の話から一貫した内容を述べたものと見なしてよいだろう。すなわち、占いは未来を予測するものであり、すでに病んだ人を治そうとしても、それは手遅れというものだ。それは、ちょうど汚れた着物を洗うようなものだが、洗うよりも洗う前に着物を汚さないように心掛けるべきだし、着物というものは洗えば洗うほど布が傷み、弱くなるということを知らなければならないと言っているのだ。最後が「強くなるか。弱くなるか」と、読者に疑問を提示するような形になっているのは、当時「着物は洗うほど強くなる」という俗説があったからであろう。

これに続く「能書き」は「第一孝によし」「臣には忠によし」「一々挙ぐるいとまなし」となっており、この「百病の薬」は、やはり「孝」と「忠」に効き目があるとされている。やはり、この講話もそこへ収れんされていくのである。

なお、ある人物の問いにあった「一つの夜具に十人寝て、寒からざる考へありと聞く」という話は、物理的にはあり得ない不可能な事柄であり、類似の孝行譚も存在しないことから、次の内容を引き出す比喩的な表現と見るべきであろう。この問いをたとえ話と受け止めた翁は、高価な夜具を用いず安価なものにすれば、「十人も十五人も寝らるべし」と語ったが、そこには質素な生活を促す石門心学の教えが含められている。

文章の終わり近くにある「寒夜に御衣を脱ぎ給ひし天子もあり」の例は、おそらく、井沢長秀が古来の伝説・俗説を集めて記した『公益俗説弁』（巻六・天子）にある「延喜帝、寒夜に御衣をぬぎて民の苦を知給ふ（延喜の帝、醍醐天皇は、冬の寒い夜にお召し物をお脱ぎになって、庶民の苦しい生活をお知りになった）」を指すのであろう。なお、醍醐天皇はその人物像が理想化され、後世に「延喜の治」と呼ばれるようなよい政治を行ったとされるが、そうした評判がもとになって伝説化され、江戸時代にもそのうちのいくつかが伝えられていたものと推測される。前記のものもその一つと考えられるが、本当にそうした事実があったのかどうかの真偽のほどは定かではない。

十一　「その次は誰じや」

「私、昨夜①提げ物を落す。落し候ふ所、御考へ下さるべし」

翁の曰く、「昔より②裸で物は落さぬといふ。常々裸の事を思へ。これ物を落さゞる呪《まじな》ひなり。往古より産衣着て生まれたといふ人を聞かず、③褌《ふんどし》かひて誕生したる沙汰《さた》もなし。みな丸裸で生まれたる人なり。その丸裸で生まれたる人の中に丸裸で居る人はひとりもなし。この所会得せば、何をか落すとし、何をか失ふとせん。その丸裸で産まれ、その丸裸で死ぬるこの身。④金銀財宝一物も我がもの有らんや。これみな世界の宝なる事明らかなり。これを我が物なりと思ふ人は、己が栄耀栄華には金銀を惜しまず。人の事には⑤吝《しわ》きものなり。⑥浅ましからずや。昔、⑦楚の国の王、狩に出でて、弓を失へり。その近習求めんと請ふ。王の曰く、『止めよ。楚人弓を失ひ、楚人弓を得ん。又何ぞ是を求めん』孔子聞いて宣《のたま》はく、『惜しいかな。その大いならざること、人弓を落とし、人これを得ると曰はざるのみ。何ぞ必ずしも楚のみならんや』、『⑧楚の字だけつけじや』と、⑨こちの親玉は宣ひしなり。いま世間の奢《おご》る人、吝き人は⑩金銀の手回るを我が物じやと、いつの頃よりか、思ひ込みし間違ひなり。金銀財宝はさて置き、先づ寝たり起きたりするこの身、我が物か、我が物で無いか。御工夫々々々」

注

①提げ物…巾着・印籠・煙草入れなど、腰に下げて持ち歩く物の総称。

②裸で物は落さぬ…昔のことわざに「裸で物を落とす例なし」とあり、何も持っていなければ、物を落とすということがない。財産など何も持っていない者は、損をすることがなく、気楽なものであるということ。

③褌かひて…褌をしめて。「かく」は「掛く・懸く」と漢字を当てて、（下帯などを）結ぶ、締める意。

④金銀財宝一物も我がもの有らんや…金銀や財宝はどれ一つとして自分のものがあろうか。「や」は反語の終助詞（係助詞）。

⑤吝きものなり…けちなものである。あるいは、吝嗇な人間である。「吝き」は、けちな・吝嗇なという意。「もの」は、形式名詞の「物」とも、人間を意味する「者」とも解釈できる。

⑥浅ましからずや…さもしいではないか。心が賤しいではないか。「浅ましく・あら・ず・や」の省略体。「ずや」は、「～ないか。～ではないだろうか」という意で、慨嘆を表している。「ず」は打消の助動詞、「や」は疑問の終助詞（係助詞）。

⑦楚の国の王…春秋戦国時代の楚の恭王。

⑧楚の字だけつけじや…「楚という字だけ付けることはないだろうに」と解しておくが、「や」の用法については不明。「楚の字」と「その字」とが掛けられているか。

⑨こちの親玉…虚白斎の師、手島堵庵、斉藤全門のことか、あるいは、石門心学の創始者、石田梅岩を指すか。

⑩金銀の手回る…（金銀で）手元に回ってきた金銀。「の」は同格の用法で「で」と解し、「手回る」の後に「金銀」を補って解釈する。

校異

八十頁　六行目「栄《えい》耀《えう》栄《えい》華《ぐわ》」↑底本は「えようゑいぐは」、七行目「吝《しわ》き」↑底本は「吝《しは》き」、八行目「聞いて」↑底本は「聞ひて」

解説

落とし物の相談に来た者に対して、翁が語った「昔より裸で物は落さぬといふ。常々裸の事を思へ。これ物を落さゞる呪ひなり」ということばは唐突であり、落とし主には冷たく響く。だが、これに続く「その丸裸で産まれ、その丸裸で死ぬるこの身」ということばや、後に述べる「楚王失弓」の故事でわかるように、翁は「産まれたときも死ぬときもは何一つ持たない」のが人間であり、所有欲を持たないように生きることが大切だと諭そうとした。そして、「落とした物もいずれは拾った人の役に立つのだ。それよりも身の回りを質素にし、余分な物など身につけないことだ」と語り、他者への貢献と質素な生活の大切さを強調しようとしたのである。

また、「金銀財宝一物も我がもの有らんや。これみな世界の宝なる事明らかなり」は、「世の中にわがものとてはなかりけり身をさへ土に返すべければ（世の中には、自分だけのものはないのであるよ。この身でさえもいつかは土に返さなければならないものなので）」という道歌や、巷間で語られる「金は天下の回りもの（金銭は一つ所にとどまっているものではなく、持てる者もいつかは失い、持たざる者もいつかは手にする）」ということわざなどを踏まえているものと考えられる。加えてそこには、金銀財宝などは一人が所有するものではなく万人のものだ、という意識も感じられる。しかし、その根底には、不当な方法で富貴を得ることを否定した孔子の、

富与貴、是人之所欲也。不以其道、得之不処也（財産と高い地位とは、誰しもが求めたがるものである。だが、正しい道を用いずに得たのであれば、私はこにはいない）（『論語』「里人・第四・五」）

という一節が頭の中にあったのだろう。そして、虚白斎は、「これを我が物なりと思ふ人は、己が栄耀栄華には金銀を惜しまず。人の事には吝きものなり（自分の財産をすべて自分のものと思う人は、自分の栄耀栄華には金銭を惜しまないが、他人のためには吝嗇なのである）」と述べ、さらにはそうした態度を「浅ましからずや」と断じている。虚白斎がそうした心情を持つに至ったのは、次に述べるような儒仏の教えもあったろうし、師の影響もあったろう。儒書には、『礼記』（曲礼・上）に「貧者不以貨財為礼（貧乏人は貨財を持たないのだから、金品の多い少ないによって礼・非礼を決めてはならない）」とあり、『中庸』（第四章）に「素富貴行乎富貴、素貧賤行乎貧賤（富貴の境遇にあるときは富貴にふさわしいように行動し、貧賤の境遇にあるときは貧賤にふさわしく行動する）」などとある。仏書には「貧者之一燈（貧乏人が苦しい生活の中から真心を込めて神仏に供える一つの燈明）」ということばがある。これらのいずれの場合でも自分の利益を求めるのでなく、他者のために尽くすという考え方と行動のあり方がそこには

表れている。師の堵庵は『前訓』（倹約）で、

うれひにあへる人貧しき人をもめぐみ、夫の心届かざる所あれば色をやはらげ、声を怡ばしうして夫にかくと告げて恵みあるべし。女は心小き故物事吝くなりやすし。吝は必奢より出るものなり。心しわく奢ある時は家を亡すべし（病気などの嘆きを抱えている人、貧しい人に対して恵みを施し、もしも夫が気付かないところがあれば表情を和らげ明るい声で夫にこのような人がいますと話してから恵みを施せばよいだろう。女は気が小さいところがあるので物事が吝嗇になりやすい。吝嗇はきまって奢りの気持ちから出るものである。吝嗇な気持ちを持って奢り高ぶればそれは家を亡ぼすことにつながるだろう）

と述べたが、そこにも他者への恵みの心が強く示されている。

また、『論語』（雍也・第六）にも「君子周急不継富（君子は相手が急場で困っているときは隅々まで手厚く援助するが、豊かであるときには援助し継ぎ足すことはしないものだ）」という孔子のことばがあるが、虚白斎は、他者に対する援助の精神をこれらの文献から多くを学んだことだろう。その点については、講話二十二の【解説】でも詳しく述べることにする。

なお、「楚の国の王」の話については、中国、春秋戦国時代の故事にある、

楚王失弓、左右欲求之（楚の王が弓を紛失したので、側近の者たちがこれを探そうとした）。
王曰、「楚人失弓、楚人得之、何必求也（王が言うには、「楚の人間が弓をなくし、楚の人間が弓を手にする。だから、どうして弓を探す必要があろうか）」と。
仲尼曰、「惜乎其不広也。人遺弓、人得之。何必楚也（孔子が言うには、「惜しいかな、その心の狭いことよ。

人に弓を遺し、人が得るとだけ言えばいいではないか。どうして楚に限る必要があろうか）」、という一節を踏まえている。右記と同種の話は、中国、漢代の説話集『説苑』など、いくつかの文献に見られるように、世間でよく知られたものである。当初この話は、楚王の大らかさを述べたものとして伝えられたが、孔子のことばが後世に付け加えられてからは、逆に度量の小さいことのたとえとして用いられるようになった。

だが、孔子の生まれた頃、中国は北方の諸侯同盟と楚を盟主とする南方の諸侯同盟の二大勢力に分かれて対峙していたので、武器である弓の持つ意味は大きかった。楚王が取ったそうした態度も、孔子の語ったそのことばも、それぞれ複雑な軍事的背景ゆえに出てきたものなのかも知れない。

なお、最後の一節、「この身、我が物か、我が物で無いか」は疑問形になっているが、この講話の結論であり、「自分の体は自分のものであって、自分のものではない」と主張しているのである。そのことばに続けて虚白斎は、「御工夫々々（よくよくお考え下さい）」と述べ、読者にさらなる深い意味を考えさせようとしている。ところで、このことばの原典は、『孝経』（開宗明義章・第一）の、「身体髪膚、受之父母。不敢毀傷、孝之始也（人の体は、毛髪から皮膚に至るまで、すべて父母からいただいたものである。したがって、これを損なったり傷つけてはならない。それが孝の出発点である）」にあるが、その主眼が「孝」の勧めにあることは論を俟たない。

十二「その次は誰じや」

「匂ひなどは仮の物ながら、①えならぬ匂ひには心ときめく。これは②如何なる事やらん。御考へ給はるべし」

翁の曰く、「匂ひばかり仮のものにて、③紅白粉はかりの物にあらずや。紅白粉はかりの物にて、髪の飾り、④衣紋《えもん》は仮の物ならずや。紅白粉も装はず、匂いもとめぬ丸裸は仮の物にあらざるや。あるひは⑤琴の爪音《つまおと》の気だかきを聞く。和歌の優しく、⑥手跡などの拙《つた》からぬを見ては、⑦猪口⑧鼻そげも知らで、まづ心ときめきぬ。たとへ目鼻口もとのしほらしく、姿声音の可愛らしきも、みな⑨地水火風の寄せ細工。ただ今生きて働きます。たちまち⑩五輪と変はりますれば、⑪惣《そう》やうさまへのおいとま乞ひ。⑫天からく、天からく。そのときめくものは、いかなる物にて、何国《いづく》にあるぞ」

注

①えならぬ…言うに言われぬ。並一通りでない。よいものに関して使う語法。副詞の「え」に、動詞の「なら」と、助動詞「ず」の連体形「ぬ」が付いたもの。

②如何なる事やらん…どういうことであろうか。「やらん」は、「に・や・あら・ん」の短縮体であり、中世から用いられるようになったが、近世では「やら」と併用されるようになった。「〜であろうか」という意を示す。

③紅白粉…べにとおしろい。紅粉。転じて、化粧。

④衣紋…着付け。着こなし。衣服。身なり。

⑤琴の爪音…琴の爪《つま》に同じ。琴をつま弾く音。

⑥手跡…その人が書いた文字。筆跡。

⑦猪口…上唇の中央が裂けて、兎の口のようになっていること。また、その人。みつくち。底本のルビには「いぐち」とあり、「猪口」と表記されているが、これは食用きのこの総称なので文脈に合わない。ここは、兎唇を意味する「欠唇・兎唇《いぐち》」が正しい。

⑧鼻そげ…鼻がそげ落ちていること。梅毒などで欠け落ちること。また、その人。

⑨地水火風…人間の身体。仏教で、あらゆる物質的存在を構成する四種の元素として説くもの。「地」は堅さ、「水」は湿り気、「火」は熱さ、「風」は動きを本質とする。仏教語であり、「四大《しだい》」ともいう。

⑩五輪…「四大」と同じく人間の身体を表す場合と、「五輪成身《ごりんじょうしん》」と同じく、この身がそのまま仏身であることを意味する場合がある。ここでは、後に来る「惣やうさまへのおいとま乞ひ」ということばとの関連から、後者の使い方とするのがよいだろう。仏教語であり、「五大」ともいう。地水火風の四大に「空」を加えたもの。

⑪惣やうさま…。皆さま。そこに居合わせるすべての方々。「総溶」とも書く。

⑫天から…副詞で、多くは下に打ち消しまたは否定的な意味を伴う。まるっきり。てんで。

校異

八十六頁　四行目「装《よそほ》はず」→底本は「装《よそお》はず」、六行目「可愛《かはい》らしきも」→「可愛《かわい》らしきも」、七行目「変はり」→底本は「変わり」、「いとま乞ひ」→底本は「いとま乞い」

解説

「えならぬ匂ひには心ときめく」のは、人の常であり、五感を楽しませるものに心ひかれるのは、老若男女を問わず、誰しもの習いである。だが、虚白斎はそれが道を誤るもとであると言う。この文章を書く彼の頭の中には、『徒然草』があったであろうし、中国の古典や師のことばなどが去来していたことだろう。

まず、『徒然草』を見てみよう。その第八段に、

世の人の心を惑はすこと色欲には如かず（色欲に及ぶものはない）。人の心は愚かなるものかな。匂ひなどは假のものなるに（仮のものであるのに）、しばらく衣裳に薫物す（一時的に衣裳にたきこんだものである）と知りながら、えならぬ匂ひ（何ともいえないよい匂い）には、必ず心ときめきする（心がどきどきする）ものなり

とあり、続く第九段には、

女は髪のめでたからむこそ（女は髪のりっぱなのが）、人のめだつべかめれ（他人の目を引きつけるようだが）。人の程、心ばへ（その人柄や気だて）などは、物うち言ひたるけはひにこそ（ものを言っている声によって）、物ごしにも知らるれ（物を隔てて聞いてもわかるものだ）。事に觸れてうちあるさま（何かの事に当たって

ちょっとした様子）にも、人の心を惑はし（男の心を迷わせ）とある。男にとって女色というものがいかに愛着の根源をなし、惑いの元となるかを述べている。また、手島堵庵の『会友大旨』（講義旨趣）には「人我《にんが》増長しぬれば目は色に私《わたくし》し、耳は声に私し、鼻は香りに私し、口は味に私し、身は勝手に私し、此私が意地と成て本心をくらませて人の道をうしなひ、鳥獣に似たるものにも成行也」とある。その原典は、『老子』（道徳経・上篇）の、

五色令人目盲。五音令人耳聾。五味令人口爽。馳騁畋猟、令人心発狂。難得之貨、令人行妨。是以聖人、為腹不為目。故去彼取此（五色の色を交えた華やかな色彩は、人間の目をくらませる。五つの音を交えた美しい音楽は、人間の耳を駄目にする。五つの味を交えたおいしい料理は、人間の味覚を損なう。乗馬や狩猟の楽しみは、人間の心を狂わせる。手に入りにくい品物は、人間の行動を誤らせる。それゆえ聖人は、美食をせずに腹を一杯にすることに努めて、感覚の楽しみを追い求めることをしない。だから、あちらの外にあるものを捨ててこちらにあるものを取るのだ）

にあると思われる。人間は、感覚的な欲望にとらわれて一時的な快楽を追い求めると、その結果、刺激的な楽しみに溺れて、正しい道を見失ってしまう。なお、「腹を為して目を為さず」の「目」は感覚を代表するものである。この引用部全体をまとめると、詰まるところは、感覚的な欲望に心を奪われることなく、外に散る心もなくして、自己の内面を充実させることが大切だということである。

また、本講半ばの「琴の爪音の気だかきを聞く」のあたりから、女性の優雅さや美しさに心とらわれる男性に対す

る教訓が述べられる。男というものは、女性が弾く琴の音色を聞き、美しい文字で書かれた優雅な和歌を目にすると、その女性がどんなに不美人であるかも知らず、心をときめかせる。そして、目鼻立ちが整い、姿や声がどんなに可愛らしく生き生きとしていた女性でも、いずれはこの世を去って土となる身である。だから、女性の美しさにばかり心を奪われていてはならないのだと諭している。

最後の「そのときめくものは、いかなる物にて、何国にあるぞ」という一句は、「その胸がどきどきするようなものは、いったいどんなもので、どこにあるのか」と言っているわけだが、前の講話と同じように、疑問形になっているが、反語的な表現であり否定的な見解と見なすべきであろう。すなわち、心をときめかせるものは、一時的なものであって、永遠に続くものはどこに求めても存在しないということである。

十三　「その次は誰じや」

「この①腰の物、御考へ給はるべし。②我等には少し奢《おご》りなれども、珍しき道具。性に合はゞ求めたし」

翁、③目の鞘《さや》をはづして曰く、「自心《じしん》に奢りと思ふ道具は、則《すなは》ち性に合はぬなり。奢りは細微を慎むべし。これ程の事はままよ。④かれぐらいの事はなどゝ、自ら許すべからず。⑤盃《さかづき》に一杯ほどの奢りが、末に至りては大船を浮かぶ。ある人、能《よ》き鍔《つば》を一枚掘り出し、刀屋を呼び、『この鍔我等の如きには侈《おご》りなれども、このまま置くも費《つひ》えなり。この脇差《わきざ》しへ打ち替へたし。さてこの⑥縁頭《ふちがしら》不相応ならば、吟味して給はるべし』と、まづ縁頭を奢りぬ。傍らに人有りて曰く、『この縁頭にこの⑦鮫《さめ》は不足ならずや。奢り給へ』といふ。また鮫も奢りぬ。中にも堪忍なりさうに見えし⑧目貫《めぬき》。鮫が替りては見るに堪へず。また目貫も奢る。⑨鞆廻《つかまは》り揃《そろ》へば、初め奢りなると思ひし鍔、今にては不足なれども、これはまづ堪忍すべし。堪忍のならぬは肝心の⑩魂と相応の⑪身を吟味して、これも奢り、⑫切羽《せつぱ》⑬はゞき⑭鵐目《しとどめ》まで打ち揃ひ、これに相応の小柄《こづか》をと方々吟味し、これも奢りぬ。さて腰の物に釣り合ふ⑮印籠《いんろう》⑯巾着《きんちやく》を奢り、これをさげ、これを指して、この衣類は不似合と呉服屋沙汰《ざた》。この袴《はかま》にこの羽織は不足、この小袖にこの帯は劣るなどゝ、これもまづ相応に奢り、着替へて、指してぶらさげても、これまでの朋友一家は段違ひにて面白からず。様々に吟味して、⑰風体《ふうてい》相応の付き合ひを侈り、この付き合ひにこの座敷は⑱下作《げさく》な、庭回りが不風雅など、家業の勝手もかまはず、家屋敷を広め、⑲造作の物好き、これより奢りに実が入つて、終《つひ》には身代を⑳棒振虫、㉑浮き沈みは㉒世の習ひか」

注

①腰の物…大小の刀や印籠・巾着など腰に帯びる物の総称。ここでは、刀剣を指す。

②我等…一人称を指す語。丁寧な言い方で多くの男性が用いる。単数と複数の両方の使い方があるが、ここでは単数。われ。わたくし。

③目の鞘をはづして…気をつけてよく見て。注意して油断をしないで。「目の鞘」は、まぶたのこと。「鞘」は「刀」の縁語。

④かれぐらいの事…あれぐらいのこと。それぐらいのこと。前の「これ程の事」と対になっている。

⑤盃に一杯ほどの奢りが、末に至りては大船を浮かぶ…ほんのわずかな贅沢が次から次に重なると、最後には大船を浮かべるほどの量になる。欲望や贅沢を水にたとえている。

⑥縁頭…刀剣の柄の両端、すなわち縁と柄頭に付ける金具。

⑦鮫…刀剣の柄を巻くのに用いる。「鮫皮」の略。

⑧目貫…刀の柄の回り。空目貫《そらめぬき》、飾目貫《かざりめぬき》など。刀剣類の柄の側面に付ける飾り金物。

⑨鞆廻り…「鞆」は「柄」の誤りか。

⑩魂…刀。刀剣類。刀を「武士の魂」と呼んだことから。

⑪身…刀身。鞘の中の刀。

⑫切羽…刀の鐔の表裏。柄と鞘とに当たる部分に添える板金。「切羽《せっぱ》脛金《はばき》」という語があるが、これは刀に手を掛けて談判することであり、抜き差しならない談判を意味するが、この文脈では関係なしとするか。

⑬はゞき…刀身を固定する金具。

⑭鶏目…穴の縁を飾る覆輪。刀の鍔に用いた飾りをいう。
⑮印籠…両側にひもを通して、腰に付ける小さな容器状の装身具。根付けをつけて帯にはさんだ。近世では、薬入れとして用いられ、蒔絵や螺鈿で装飾されたものが多かった。
⑯巾着…財布。布や皮などで作り、口をひもでくくり、中に金銭などを入れて携帯する袋。
⑰風体…なりかたち。みなり。特に、身分や職業が想像できる外見上の様子。「ふうたい」ともいう。
⑱下作な…品が悪くいやしい。下品な。げびている。
⑲造作…家の中に、建具や装飾を造りつけること。また、その建具や装飾。
⑳棒振虫…ぼうふら。「棒に振る（今までの努力や苦労を無にする）」と掛けている。
㉑浮き沈み…栄枯盛衰。ぼうふらが水の中を浮いたり沈んだりすることを人生の繁栄と衰微を意味する「浮き沈み」に掛けた。
㉒世の習ひか…世間の習わしか。世間にありがちなことか。「か」という終助詞（係助詞）を疑問と取るか、反語と取るか、説の分かれるところであろうが、文章全体の流れからして反語と解したい。

校異

九十一頁　一行目「費《つひ》え」←底本は「費《つい》ゑ」、三行目「なりさうに」←底本は「なりさふに」、「見え」←底本は「見へ」、五行目「魂《たましひ》」←底本は「たましゐ」、六行目「方々《はうばう》」←底本は「ほうぼう」、七行目「不似合《ふにあひ》」←底本は「ふにあい」、十行目「家業《かげふ》」←底本は「かぎやう」、「家屋敷《いへやしき》」←「家屋敷《いゑやしき》」、十一行目「終《つひ》に」←底本は「つゐ」、「棒振《ばうふり》虫《むし》」←底本は「棒振虫《ぼうふりむし》」

解説

江戸時代の武士が刀剣に並々ならぬ思いを持っていたことはよく知られている。刀には武士の精神が宿っているので「刀は武士の魂」とか、先祖代々家宝として伝わってきた「伝家の宝刀」とかいうことばが示すように、刀は武士にとってきわめて重要なものであった。しかし、翁の前に登場したこの武士は、そのような武士道精神を備えた武士とは、いささか様子が違うようだ。この武士は、刀を「魂」というような精神的な意味合いを持つものとは考えていない。むしろ、「珍しき道具」ということばが示すとおり、一種の道具であり、飾りのようなものと受け止めている。それに対して、翁は「目の鞘をはづし」て、注意深く武士の顔を見ながら「自心に奢りと思ふ道具は、則ち性に合はぬ」と諭したのである。ここには、「奢」や「欲」を退ける儒教的な考え方が表れている。

翁は「奢りは細微を慎むべし。これ程の事はままよ。かれぐらいの事はなど丶、自ら許すべからず。盃に一杯ほどの奢りが、末に至りては大船を浮かぶ（ぜいたくは細かい点まで慎まなければならない。この程度のことはいいだろう。それぐらいのことは構わないなどと、自ら放任してはならない。杯に一ぱい程度の小さなぜいたくが、最後には大船を浮かべるほどの大きなぜいたくになる）」と語り、次から次にと欲望が限りなく広がっていく様子を具体的に述べた。まるで、「風が吹けば桶屋が儲かる」ということわざにあるように、小気味よいほどに話は順を追ってふくらんでいく。そのように展開する話は虚白斎の得意とするもので、具体性があって面白い。

江戸時代に日本でも用いられた初学者用の教科書『小学』（内篇・敬身）には、「敖不可長。欲不可従。志不可満。楽不可極（傲慢な心をのばしてはいけない。欲望を恣《ほしいまま》にしてはいけない。志をすべて成し遂げてはいけない。楽しみを極めてはいけない）」とある。また、同趣のものが「五経」の一つ『礼記』にも見られるが、「傲慢」や「欲望」はもとより、「志」でさえも、それを抑制せずにふくらませ過ぎると、身を誤るもとになるというのである。「欲に頂きなし」「欲に限りなし」などということわざが示すように人間の欲望には限度がないので、それを抑える生き方をしなければならないということだ。

虚白斎は、「これより奢りに実が入つて、終には身代を棒振虫、浮き沈みは世の習ひか」と結んでいる。だが、贅沢が極まって最後には財産を棒に振ってしまうのが「世の習ひ」であるとまでは断定していない。「世の習ひか」と疑問形にして問題を投げ掛け、読者にどうあるべきかを考えさせようとしている。だが、その結論は、あくまでそうならないように倹約に努め、身持ちをよくせよと理解すべきであろう。

十四　「その次は誰じや」

「先生の占ひ、①玄妙なる事、かねて②それがし承る。③金子《かね》の生《な》る樹《き》の作り様、御考へ給はるまじきや」

翁、④斜にかまへて曰く、「人、⑤草木に培《つちか》ふ事を知れども、心に培ふことを知らず。心に培はざる故、⑥貪欲にして足る事を知らず。⑦足る事を知らざれば、千箱の宝も無きが如し。これを貧乏人とも言ひ、また⑧有財餓《うざいがき》ともいふ。足る事を知れ、足る事を知れ。足る事を知るときは、これぞ⑨万福長者なり。⑩何をか有りとし、何をか無しとせん。ある人の語りき。『我が庭前に梨《なし》の樹あり。初めて実を結ぶこと九つ。その年は二つ足らず、その翌年は三十生り、この年はまた足らざる事十二三、その翌年は五十生りて廿足らず。⑪梨の数増せば、足らざる数いよいよ増し、後々は買ひ足して配りぬ。一昨年の大風にこの梨の樹倒れて枯れぬ。その後は⑫梨も無し、足らざる事の世話もなし。⑬鬼に瘤《こぶ》を取られしと笑ひぬ』」

注

①玄妙なること…幽玄で微妙なこと。趣が深く優れていること。

②それがし…自称。わたくし。他称から自称に転用されたもので男性が用いた。のちに武士が威厳をもって自称するのに用いるようになった。

③金子の生る樹…金が実るという想像上の樹。また、比喩的に、家賃、地代、金利など次々と利潤を生み出すような財源。

④斜にかまへて…改まった姿勢をとって。皮肉な態度で臨んで。もともとは、剣術で刀を下げて斜めに身構えることから、改まった態度を取ることをいう。

⑤草木に培ふ事を知れども、心に培ふことを知らず…草木に土をかけて育てることは知っているが、心を養い育てることがわかっていない。「草木を」の誤りかも知れないが、これに続く「心に培ふことを知らず」とで、対句形式になっているので、そのままにした。

⑥貪欲にして足る事を知らず…非常に欲が深く貪る心が強く、分相応に満足することを知らない。「足ることを知る」は、【注】⑦に挙げた『老子』が原典だが、『往生要集』（大文・一）にも「人はただ足ることをしるべし。足るこ

とをしる時は楽あり。貪る事多き者は憂あり」とある。

⑦足る事を知らざれば、千箱の宝も無きが如し…現状を満ち足りたものと理解しない者は、多くの財産があっても、財産を持っていないのと同じようなものだ。裏返しにすれば「足るを知る者は富む」ということになり、『老子』（三十三）の「知足者富、強行者有志（足るを知る者は富み、強めて行なふ者は志あり）」と同じ考え方になる。

⑧有財餓…金銭を多く持ちながら、餓鬼のような欲深さで貯える人。守銭奴。「有財餓鬼」のこと。

⑨万福長者…幸福に恵まれた福徳の優れた人。金銭的な意味の長者ではない。

⑩何をか有りとし、何をか無しとせん…どのような状態を有るとし、どのような状態を無しとするのだろうか。何をもって豊かであるとし、何をもって豊かでないと考えるのだろうか。

⑪梨の数増せば、足らざる数いよいよ増し…実る梨の数が多くなればなるほど、配るのに足りない梨の数もますます増え。

⑫梨も無し、足らざる事の世話もなし…梨も無しになり、足らないことに対する手数もかからない。「なし」という語の繰り返しによる語呂合わせ。

⑬鬼に瘤を取られし…鬼に邪魔な瘤を取られた。損害を受けたようで、かえって利益になること。思わぬ幸運により苦労の種がなくなることをいう。【解説】参照。

校異

九十五頁　二行目「故《ゆゑ》」底本は↑「故《ゆへ》」、九十六頁　三行目「倒《たふ》れ」↑底本は「倒《たお》れ」

解説

前の講話の主眼は、ぜいたくの戒めにあったが、この講話では「知足」の重要性を説くところにある。両者を合わせて一つの教えと考えるべきであろう。冒頭近くに出てきた「金子の生る樹」は誰もがほしがるものであろうが、この人物の尋ね方は単刀直入である。「それがし」ということばを自称に用いたりしていることや、語りの口調から武士であると推察される。その人物は「御考へ給はるまじきや」とことばつきは丁寧だが、質問の内容に品位が感じられないので、対する翁は斜に構えたのである。品位に欠ける武士に対する皮肉な態度と見ることができよう。

翁の「心に培はざる故、貪欲にして足る事を知らず」ということばは、一般論として語られたものであるが、その矛先は貪欲さをむき出しにしたこの武士に向けられている。その意味合いは、「そなたは心を養い育てることの大切さがわかっていない。貪欲で知足の大切さを知らない」というようなものであろう。それに続くことば、「貪欲にして足る事を知らず」については、【注】⑥・⑦以外にも、『仏遺教経』に、「不知足者、雖富而貧。知足之人、雖貧而富（満足することを知らない者は、たとえ富んでいても心は貧しい。これで十分だとわかる人は、貧しくても心は豊かである）」とあり、これらは老荘の思想書や仏教書でよく見受けられる表現である。

また、『徒然草』（二百十七段）には、「欲に従ひて志を遂げむと思はば、百萬の錢ありといふとも、しばらくも住すべからず」という一節があるが、これは、欲望の赴くままに思い通りに暮らしていたら、たとえ金がいくらあったとしても、いつまでも手元に残るはずがない、という意味であり、翁の言う「足ることを知らざれば、千箱の宝も無きが如し」ということばと共通するものと見てよいだろう。

次に「ある人」が語った「庭前の梨の木」の話は、【注】⑪に述べたように、「実る梨の数が多くなればなるほど、配るのに足りない梨の数もますます増え」ということだが、この「配る」という行為自体が一種の見栄であろう。この人物は近所の人たちに対して誇らしげに梨を配ったことであろうが、受け取った人たちからのお世辞やお礼のことばを聞くにつれ、ますます配る数を増やさなければならなくなった。そして、最後には梨が足りなくなり、買ってまで配るようになったというのである。この例もある種の欲望の現れを示したものであり、その欲望が増せば増すほど破滅に近づくのだという教訓の一例である。

そして、翁は「一昨年の大風にこの梨の樹倒れて枯れぬ。その後は梨も無し、足らざる事の世話もなし」としゃれを交えて語り、「鬼に瘤を取られし」と笑い飛ばした。実る数が増えるにつれて配る苦労も大きくなってきたが、その元となった梨の木が倒れたことによって、足りないことによる苦労もなくなったというわけである。この話は、講話二の【解説】で述べた「塞翁が馬」の話と重なり、禍が転じて福となった話とも見ることができる。

最後の一節「鬼の瘤取り」は全国的に流布する昔話だが、『宇治拾遺物語』にも、

横座（横に坐った）の鬼のいふやう、『かの翁がつらにある瘻《こぶ》やとるべき（あの翁の顔にある瘤を取ろうか）。瘻は、福のものなれば、それをや惜しみ思ふらん（惜しいと思うだろうか）』といふに、翁がいふやう、『只、目鼻をばめすとも、この瘻はゆるし給はん（ただ、目や鼻をお取りになっても、この瘤だけはお許しください）。年《とし》比《ごろ》もちて候ふ物を故なくめされ候はば、ずちなきことに候ひなん（長年持っておりましたものを理由もなく取られましては、どうしようもありません）』といへば、横座の鬼『かう惜しみ申す物なり。たゞそれを取るべし。』といへば、鬼、よりて、『さはとるぞ（それでは取るぞ）』とて、ねぢてひくに、大かたいたきことなし（ねじって引っ張るが、まったく痛いことはない）

とある。これは「こぶとり爺さん」という題名の民話や童話でよく知られている話だが、ここでは、【注】⑬に述べ

たように、この「翁」は、鬼に瘤を取られたわけであるが、ふだんから困っていた瘤であったので、かえってよかったわけである。「ある人」の場合も、柿の木が倒れて損害を受けたようであるが、「買ひ足して配る」必要がなくなり、結果としては、禍が福となったわけである。

十五　「その次は誰じや」

「①酒の酔ひ本性忘れず。②昨日の跡を聞きに参つた。酒の損益承らん」

翁の曰く、「諺《ことわざ》に、『③一杯、人、酒を飲み、二杯、酒、酒を飲み、三杯、酒、人を呑む』。人、酒を飲むときは、④鬱《うつ》を散じ血を⑤和らげ、毒を消し、邪気を防ぎ、夏は暑をはらひ、冬は寒を凌《しの》ぐ。これ酒を飲む人なり。春の花、秋の月にも、酒を飲む人稀《まれ》にして、多くは酒、人を呑む。子曰く、『ただ⑤酒は量り無し。乱に及ばず』。人に⑥下戸あり上戸あり。その数に量りなし。ただ乱に及ばざるを限りとす。柔弱多欲の輩《ともがら》は、みな酒に呑まれ、外、行ひを敗り、内、徳を乱る。過ちこれより大なるはなし」

また曰く、「酒の乱れを為さず、すでに乱るにいたりては、軽きものは病と成り、⑦脾胃《ひい》を損じ瘀血《おけつ》を醸《かも》す。酒によつて発《おこ》る病、一々挙ぐるにいとまなし。重き時は父母を忘れ、命をも落とす。⑧あるひは国をも失ひ、家をも敗り、海山も呑み、田畑も呑み、牛馬も呑み、娘をも呑む。この類また数を知らず」

客、肘《ひぢ》を張つて曰く、「汝《なんぢ》、下戸の分際として、何ぞ酒の意味を知らん。汝は酒の過ちのみ知つて、酒の徳を知らざるなり。[9]酒は憂ひの玉帚《たまははき》。五、六杯かたむくれば、憂ひでも屈託でも、さつぱりと掃き散らし、心にかかる塵《ちり》もなく、泣き顔たちまち笑顔となる。これ酒の一徳なり。素面のときは心細く、一人は一里の路も行けぬ。飲めばたちまち千人力。山でも川でも恐れなく、かへつて夜道が面白ひ。これ徳の二なり。談ずべき事有るときなど、酒の力を借らざれば、心も弱く口も重く、下戸にさへ言ひ負くる。不思議や酒が乗り移れば、傍らに人なき心地。長者でも先輩でも、理を非に曲げて言ひ伏せる。これ徳の三つなり。嗚呼《ああ》、酒なるかな〳〵」

翁の曰く、「汝が所謂《いはゆる》徳は、我が所謂過ちなり。人は[10]賢愚となく、老少となく、[11]憂ひなき事能はず。父母病に臥し給ふか、または身まかり給ひても、汝は酒で憂ひを払ひ、泣き顔たちまち笑顔にするか。これ過ちの第一なり。孟子の曰く、『[12]命を知る者は岩牆《がんしやう》の下に立たず』、危ふきを恐れざるは、命を知らざる者なり。かへつて夜道が面白く、山川の恐れもなく、災ひを招く事、これまた過ちにあらざるや。

汝、傍若無人[13]に人と争ひ、非を理に曲げて言ひ伏するを、酒の徳なりといふ。[14]口はこれ災ひの門。酒はこれ災ひの根なり。汝はいまだ酔ひが覚めぬ。まあ〱休め。後に会はう」

客の曰く、「酒の論はまづ置く。口は災ひの門ならば、[15]善導大師口より弥陀を吹き出す事如何」

翁の曰く、「唱ふれば仏も我もなかりけり。南無阿弥陀仏〱。口から仏を出さうと鬼を出さうと、嘘を出さうと実《まこと》を出さうと、福《さいはひ》も出で禍《わざはひ》も出づ。親しくなるも口、疎くなるも口、敗るるも口、成るも口。口ばかりかくあるにあらず。盗みする手もあり、[16]欠落《かけおち》する足もあり。[17]不義の道具も所持したる身なれば、慎まずんばあるべからず。古語に曰く、『[18]一言以て邦《くに》を興し、一言以て邦を亡ぼす』」

注

①酒の酔ひ本性忘れず…酔っぱらいは酒に酔って、何もかもわからなくなったようでいながら、本来の性質を失うことはない。「酒飲み本性違わず」に同じ。酒飲みは時に暴言を吐いたり無茶な行動を取ったりするが、それは本心の現れであり、心の奥深くに潜んでいた思いが表面に出たに過ぎないと言う考え方である。また、酒飲みの中には、『六阿弥陀詣』（三）に「酒の酔い本性たがはずと、おめえ、ぼうだら（酒に酔った人）になつて居ながら、おつなこと（しゃれて気が利いたこと。味なこと）をいいなさる」とあるように、素面の時よりも雄弁になる者が少

なくない。ここに登場する人物もその類である。
②昨日の跡…昨日の話の続き。
③一杯、人、酒を飲み…酒を飲むとき、量が増えるにつれて酔いも増し、やがては酒に飲まれて正体をなくす様子を言う。酒はほどほどに飲むべきだという戒め。『安斎随筆』（二十三）に「一盃人飲酒、二盃酒飲酒、三杯酒飲人」とある。『諺苑』にも類似の語句あり。
④鬱を散じ血を和らげ…（酒は）鬱を散らし血の流れをよくし。古来、酒好きが飲酒の効能について口にしたことば。
⑤酒は量り無し。乱に及ばず…孔子が自らの節度ある生活態度を述べたことば。酒はどのくらい飲むか分量を決めずに飲むが、酔って自分自身を失うようなことはない。節度を失うことのない酔い方をもって、自分の飲酒の定量とするということ。【解説】参照。
⑥下戸あり上戸あり…酒が飲めない者もいれば、酒が飲める者もいる。
⑦脾胃を損じ瘀血を醸す…脾臓や胃などの内臓を損ない、血を濁らせ古くする。
⑧あるひは邦をも失ひ…ある者は郷里を失い。ある者は故郷を追われ。酒によって起こす失敗例の一つとして挙げたのだろう。『十八史略』（夏后氏）にも「禹曰、…後世必有以酒亡国者」とある。それは、夏の時代に儀狄という者が初めて酒を造った。時の聖王・禹は、酒を飲んで自分でもうまいと思いながら、後世必ず酒で国を滅ぼす者が出るだろうと、語った一節である。
⑨酒は憂ひの玉帚…酒は心配事や悩み事を払い去ってくれるすばらしいほうきのようなものだ。酒を賛美することば。「玉」は、美称の接頭語。「帚」は、ほうきの意。蘇軾の『洞庭春色』に「応《まさ》に呼ぶべし詩を釣る鉤（釣り針）

と、亦《また》号す（名付ける）愁いを掃らふ帚」が原典。『六阿弥陀詣』（二）に「ほんのこったが、酒は愁への玉帚といっちゃア、おそらく借金が山ほどあらうが、たとへどんな屈託があっても、一杯きこしめすが最後の助、さらりさっと掃き出し、泣き顔《つら》もたちまち笑ひ顔になるは酒の徳」とある。

⑩賢愚となく、老少となく…賢者・愚者、年老いた者・若い者を問わず。

⑪憂ひなき事能はず…心配することなしでいることはできない。

⑫命を知る者は岩牆の下に立たず…真に天命を知る者は、崩れかかった石垣の下のような危険な場所には立ち寄らない。天の命に従う者は、不注意による危険を犯したりはしないものだ。【解説】参照。

⑬傍若無人…傍らに人がいないように振る舞うこと。『史記』（刺客伝）「旁若無人者」が原典。

⑭口はこれ災ひの門…不用意に言ったことがもとで、災難を招くことがある。ことばは注意深く発するものだという戒め。『十訓抄』（四）に「口は是禍の門也。舌は是禍の根也」とあり、『幸若舞』にも「みみはとせいのみみ、目はじゅうはりのかがみ、したはわざわいのね、くちはわざわいの門」とあるように、ことわざにもなった一句である。『馮道』（舌詩）にある「口是禍之門、舌是斬身刀（口は禍の門であり、舌は身を斬る刀である）」が原典。

⑮善導大師口より弥陀を吹き出す事如何…「善導大師」は、中国初唐浄土宗の僧。光明寺の和尚とも終南大師とも尊称する。中国浄土教を大成し『観経疏』以下、五部九巻の著作があり、法然に大きな影響を与えた。「口より弥陀を吹き出す」は、出典不明。浄土教の教えの中にあるか。

⑯欠落する足…講話・六の【注】⑥参照。

⑰不義の道具…義に背く道具。人の道に外れる手段。ここでは「盗みをする手」「欠落する足」も含むが、「禍の元となる口」が中心。

⑱一言以て邦を興し、一言以て邦を亡ぼす…一言で国家を隆盛にし、一言で国の滅亡となることば。『論語』（子路・第十三）にある魯の国王・定公と孔子との問答の中に「一言而可以興邦、有諸。（中略）一言而喪邦、有諸（一言で国家を隆盛にするに足るがあるか。（中略）一言で国の滅亡となるがあるか）」とある。

校異

百頁　一行目「参《まゐ》つた」↑底本は「参《まい》つた」、三行目「和《やは》らげ」↑底本は「和《やわ》らげ」、六行目「大《おほひ》なる」↑底本は「大《おほい》なる」、百一頁　五行目「面白ひ」↑底本は「面白い」、六行目「負くる」↑底本は「負ける」、百二頁　二行目「会はう」↑底本は「逢ほふ」、四行目「唱《とな》ふれば」↑底本は「唱《との》ふれば」、「出さうと」↑底本は「出さふと」、五行目「福《さいはひ》」↑「福《さいわい》」

解説

酒の損益について上戸と下戸が語り合った対話である。この講を除くものはすべて翁が一方的に相談者を諭す伝授型の講話であったが、ここでは酒好きの男が酒の徳について語り、酒を飲まぬ翁がその害について語るという問答形式で話が展開されている。

翁は、酔いがさめやらぬ男の「酒の損益承らん」という問いに対してすぐさま、酒はほどほどに飲めという意味のことわざを引いて、「一杯、人、酒を飲み、二杯、酒、酒を飲み、三杯、酒、人を呑む（飲酒は少量のうちは自制できるが、杯を重ねるごとに乱れ、最後には正気を失ってしまう）」と答えた。そして、さらに「（酒は）鬱を散じ血を和らげ、毒を消し、邪気を防ぎ、夏は暑をはらひ、冬は寒を凌ぐ」などと、酒飲みは自分に都合のよいことばかりを言うと断じた。また、酒飲みの生態として、春の花を見ても秋の月を見ても、酒に溺れてその美しさを愛でることもできないとも語った。

翁はたたみ掛けるように酒の害を次々に挙げていく。『論語』（子罕・第九）「子曰、…不為酒困（孔子が言うには…私は酒を飲んでも乱行することはない）」と、同書（郷党第十）「酒無量、不及乱（私は酒を飲む量を決めてはいないが、適当にして乱酔はしない）」との二節を合わせて引用し、孔子の日常生活のあり方やそのことばを例に挙げて、酒飲みのあり方について述べる。そして、酒の具体的な害に入っていく。このあたりまで来ると、酒の飲み過ぎによる中毒症状を持つ酒飲みの様子になってくる。

翁はさらに続ける。「（酒は）脾胃を損じ瘀血を醸す。酒によつて発る病、一々挙ぐるにいとまなし。重き時は父母を忘れ、命をも落とす」と述べた内容は、今で言うアルコール依存症の行き着く先ではないか。それに続く翁の発言は、大酒を飲むことによる社会的・経済的な損失であった。「（酒は）邦をも失ひ、家をも敗り、海山も呑み、田畑も呑み、牛馬も呑み、娘をも呑む。この類また数を知らず」と締めくくられ、徹底的に酒の害とそれによる損失とが翁の口から述べられた。

ここで、これまで翁のことばを黙って聞いていた酒好きの男が反撃に出る。その口調は、「汝、下戸の分際として、何ぞ酒の意味を知らん。汝は酒の過ちのみ知つて、酒の徳を知らざるなり」と高飛車であり、不快感が露骨に出ている。本文最初の「酒の損益承らん」という、教えを請う低い姿勢とは大きく異なったところが面白い。男は、酒の徳について三つの点を挙げる。

まず第一の徳として、「酒は憂ひの玉帚」と巷間に伝わることわざを引いた上で、「五、六杯かたむくれば、憂ひでも屈託でも、さつぱりと掃き散らし、心にかかる塵もなく、泣き顔たちまち笑顔となる」とやり返した。ここで思い

出されるのは、酒好きで知られる陶淵明の『飲酒詩・其七』である。それには、

汎此忘憂物、遠我遺世情。一觴雖獨進、杯盡壺自傾（此の忘憂の物に（秋菊を）汎《う》かべて、我が世を遺《わす》るるの情を遠くす。一觴獨り進むと雖も、杯盡き壺も自ずから傾く）

とあり、この詩が人口に膾炙するようになってから「忘憂の物」という語は、酒の異称ともなった。また、貝原益軒の『養生訓』（二四〇）には、

万の事十分に満て、其上にくはへがたきは、うれひの本なり。古人の曰、酒は微酔にのみ、花は半開に見る。此言むべなるかな

とあり、同書（二四〇）には、

酒は天の美禄なり。少のめば陽気を助け、血気をやはらげ、食気をめぐらし、愁《うれい》を去り、興を発して、甚人に益あり

とある。

第二の徳として、「素面のときは心細く、一人は一里の路も行けぬ。飲めばたちまち千人力。山でも川でも恐れなく、かへつて夜道が面白ひ」というような調子で、この酒好き男は七五調を思わせる口調でたたみ掛けた。酒を飲めば誰でも気が大きくなる。気が弱く知らない所を歩くこともできなかった人間が酒の力を借りて、たちまち千人力の人間になったように道をどんどんと闊歩する。険しい山をものともせず、深い川をも恐れず、夜道の方がかえって面

白いと豪語する。こういう酒飲みは酔いがさめると、もとの弱気に戻るのが普通だが、この男はそうではない。陶淵明と並んで酒をこよなく愛した李白は、「天若不愛酒、酒星不在天。地若不愛酒、地応無酒泉」と詠じ、「天地既愛酒、愛酒不愧天」と結んだ。すなわち、天には酒星という星があり、地には酒泉という所がある。つまり天も地も酒を愛したはずだから、酒を愛することを天地に恥じる必要はない」と主張している。この男にもそのような気持ちがあったのかも知れない。

ところで、この男は、翁の言った「春の花、秋の月にも、酒を飲む人稀にして、多くは酒、人を呑む（春の桜や、秋の名月を観賞しながら酒を飲むような風流な人は稀で、多くの場合は酒が人を呑んで正気を失わせてしまう）」ということばには反論しなかったが、実際には、『徒然草』（百七十五段）に、

月の夜、雪の朝、花のもとにても、心のどかに物語して、杯いだしたる、萬の興を添ふるわざなり

とあるが、秋の夜には明月のもとで、冬の朝には雪景色を見ながら味わい、春の昼間には桜の花の下で味わうというように、それぞれの季節や場面において、風流に酒をたしなむ人も少なくはなかったであろう。

さて、男の名調子はまだまだ続く。そして、第三の徳について、

談ずべき事有るときなど、酒の力を借らざれば、心も弱く口も重く、下戸にさへ言ひ負ける。不思議や酒が乗り移れば、傍らに人なき心地。長者でも先輩でも、理を非に曲げて言ひ伏せる。（中略）嗚呼、酒なるかなく

とやったが、これが勢い余った失敗だった。これが翁の反論を引き出すきっかけとなった。手島堵庵は『論語』（陽貨・第十七）の「悪利口之覆邦家者（利口の邦家を覆す者を悪む）」の一節をもとに「非を是にも言ひなす人ぞ恐ろ

しき利口は国も身をもほろぼす」という和歌（『児女ねむりさまし』）を詠んだが、その歌を通して、巧みな弁舌によって是を非と強弁するようなあり方を否定している。虚白斎も師のそういう考え方と同じ立場に立っていると見てよいだろう。

なお、『説苑』（敬慎・二十一）には、斉の恒公に酒を勧められた管仲が「臣聞酒入舌出、舌出者言失、言失者身棄、臣計棄身不如棄酒（酒を飲むと口数が多くなり、口数が多くなれば失言も出る。失言をして身を棄てることにもなると聞いている。私は身を棄てるより酒を捨てる方がましだと思う）」と答えた話が載っているが、まさしくこの男の場合がそうだった。「長者でも先輩でも、理を非に曲げてでもいい伏せる」という発言は、長幼の序を守り道理を重んじる翁には、とうてい受け入れがたいものであった。翁は「汝が所謂徳は、我が所謂過ちなり（そなたが言うところの徳は、わたしが言うところの過ちである）」と断じ、「父母病に臥し給ふか、または身まかり給ひても、汝は酒で憂ひを払ひ、泣き顔たちまち笑顔にするか（父母が病気で床にお就きになったり、あるいはお亡くなりになっても、そなたは酒でつらさを払い、泣き顔をすぐに笑顔にするのか）」と反論を展開していく。さらには、孟子の「命を知る者は岩牆の下に立たず」という一節を引用して、危険なことを避けようとせずに、禍を招き寄せるようなあり方や、道理の立たないことを酒の勢いに任せて押し通そうとする考え方は間違いであると諭す。では、翁が引用した『孟子』（尽心・二）の、

莫非命也。順受其正、是故知命者、不立乎巌牆下（人生は運命に支配されないことは稀だから、素直に天命の正しい裁きに従いなさい。それゆえに、天命を知る人は、崩れかかった石垣の下に立ったりはしない）

について考えてみることにする。孟子は、運命論者ではあるが、「人事を尽くして天命を待つ」運命論者というべき

で、運命が訪れるのをただ待つだけで、何もせずにすべてを運命と諦める宿命論者ではないので、翁が意図するところとは少々趣が異なるということを付記しておく。

ところで、酒がさめやらぬこの男は、翁の言に完全に打ち負かされたはずなのにまだまだひるまない。それどころか「酒の論はまづ置く。口は災ひの門ならば、善導大師口より弥陀を吹き出す事如何」と、善導大師が口から弥陀を吹き出したことは、災いではなく幸いではないかと屁理屈で反論する。それに対する翁の返答は「口から仏を出さうと鬼を出さうと、嘘を出さうと実を出さうと、福も出で禍も出づ…」というようなものとなり、口の話題からことばの問題に矮小化されていく。だが、それはそれなりの説得力を持つものであった。

そして、最後には、「一言以て邦を興し、一言以て邦を亡ぼす」と、『論語』(子路・第十三)の「定公問『一言而可以興邦有諸』。孔子対曰『…如知為君之難也不幾乎一言而興邦乎』、…曰『一言而可以喪邦有諸』。孔子対曰『…如其善而莫之違也不亦善乎。如不善而莫之違也不幾乎一言而喪邦乎』」との二カ所を引用して一言の重要さについて語る。それは、次のような話である。

魯の定公が孔子に「一言で国家を隆盛にするに足るがあるか」と尋ねたのに対して、孔子が「…もし君上が君主たることの難しさをご理解なさるならば、『君たること難し』というのが、国家を隆盛にする一言に近いのではないでしょうか」と答えた。そこで、また定公が「一言で国の滅亡につながるようなことばはあるか」と尋ねると、孔子が「…もし君上の発言が正しく善いものであり、皆が従うものであるならば、それは結構なことです。しかし、もしその発言が正しくなく悪いものであるにもかかわらず、皆が従うものであるならば、それが国家を滅ぼす一言に近いのではないでしょうか」

虚白斎の筆は、酒の損益に関わる話から、それを飲む口に移り、さらには、口にすることばの話題に移っていったわけだが、そこには論理の飛躍と無理があるので、完璧に成功した講話とは言いがたいところがある。しかし、前述したように、二人の問答を通して論を組み立てる手法は、石田梅岩の『都鄙問答』や手島堵庵の『座談随筆』『朝倉新話』などとも共通したものであり、内容的にも随所に興味深い点が見受けられるので、これは一定の成功を収めた講話と評することができよう。

十六「その次は誰じや」

「渡世に追はれ①学問いたす余力なく、文盲なる私。かゝる②一文不知にても道にかなふ行ひありや。御考へ下さるべし」

翁の曰く、「孝行なり。③論語に曰く、『④君子は本を務む。本立つて道生る。孝弟は、それ仁を為《す》るの本か』。たとへ一文不知なりとも、⑤文盲に孝行尽くさば、これを君子の人とも、学びたる人とも⑥言はめ。文章を巧みに書き、⑦詩を達者に作るばかりを学者とは言はず。⑧産業を欠き、⑨米銭を費やし、学問して何の為ぞ。⑩万巻の書を諳《そら》んじても、父兄に孝弟ならざる人は、一文不知の孝子には劣らずや。ある人語つて曰く、『我が旧里に孝子あり。名は⑪網屋何某《なにがし》。老母に仕へて至れり尽せり。我が見る所を以て、その一二を語らん。夏の日の暑きには、屋上に水を注ぎて、老ひを涼しめ、冬の寒き夜は裾に臥して足を暖め、家業の外は一寸も内をいでず。老母の傍らに問ひ慰む。その下の町に⑫頼み寺あり、⑬法談ある毎には、老母を負ひて参詣し、また負ひて下向す。年四十を過ぐるまで妻を娶らず。孝の衰へん事を恐れてとなり。老母死して後、初めて娶り、今は男子二人を持てり。あるとき孝子外より帰り、庭の濡《ぬ》れたるを見て、その妻にとふ。妻『小児の尿《いばり》なり』と答ふ。夫の曰く、『親の譲り給ひしこの屋敷、我が倅の小便にて、かくの如く汚す事恐れあり。勿体《もったい》なし』と、⑭以来を戒め、その土を掘り、他の土を入れ替へぬ。衣類またかくの如し。親の身に触れ給ひし物は畏れありとて、子供はもちろん、自身も着ず。⑮施物にやなりぬらん。ある日、我問うて曰く、『⑯足下の孝心、⑰一郷にまた類なし。いづれの師に学びて、⑱かくの如くや』。孝子恥づる色有りて曰く、『孝行はなかなか我等ごときの及ぶべき事にあらず。⑲身体髪膚、みな父母の賜《たまもの》なり。その身体髪膚、みな父母の為に尽し終はりても、もともとなり。それより上の孝行を尽さざれば、孝行にてはあるまじ』と。⑳流涕《りゅうてい》してまた曰く、『老母います内には、我に代はりて仕ふる者なし。故に産業の外には内を出でず。何の余力ありて、師に仕ふる事を得ん。今に至りてかたのごとく不学文盲なり㉑と語りぬ』と語りぬ。これらの人は㉒未だ学びずと言ふといへども、必ず学びたる人に勝れりとや言はん」

注

①学問…武芸などに対して、漢詩文・仏典・和歌など広く学芸一般について学習し体得すること。
②一文不知…「文」は文字のこと。一字も知らず、読み書きのできないこと。無学文盲。
③論語…中国の経書で史書の一つ。孔子の言行や弟子・諸侯・隠者との対話を記したもので、二十編から成る。孔子の生前から記録され、その没後に弟子たちによって編纂されたと推定されている。孔子の理想的道徳「仁」の意義、政治・教育などの意見を述べている。日本には応神天皇の時に百済から伝来したと伝えられる。
④君子は本を務む…教養のある君子というものは、人間としての根本の修養に努力するものだ。
⑤文盲に…無学で。無粋なほど。転じて、一途に。むやみに。盲目的に。
⑥言はめ…「め」は、推量の助動詞「む」の已然形。「め」の前に、係助詞「こそ」がないので、文法的には誤り。「め」の後に句点を付したが、読点として、逆説的に後ろへ続く解し方もある。
⑦詩…「詩を〜作る」とあるので、ここでは「漢詩を作る」ことをいう。
⑧産業…生活していくための仕事。なりわい。生業。

⑨米銭…米と銭。米穀と金銭。
⑩万巻の書…多くの書物。
⑪網屋何某…人物不詳。虚白斎の創作による架空の人物か。
⑫頼み寺…一家が代々帰依して、葬式・追善供養などを営む寺。菩提寺。
⑬法談…説法談義。仏法の理《ことわり》や要義を説き聞かせること。また、その談話。
⑭以来…それ以後。それからずっと引き続いていること。
⑮施物…僧や貧しい人に恵み与える品物。施しの品物。
⑯足下…あなた。貴殿。
⑰一郷…郷全体。「一」は、「一家」「一族」と同じように、全体を意味する。
⑱かくの如くや…底本には「如くや」とあり、『近世庶民教育思想』(石門心学)には「如きや」とあるが、文法的には「如しや」がよいだろう。
⑲身体髪膚、みな父母の賜なり…身体と髪や皮膚、すなわち身体全部が父母からいただいたものである。講話十一及び本講話の【解説】参照。
⑳流涕…涙を流すこと。落涙。
㉑と語りぬ…直後に、同じ語「と語りぬ」が来るので、語句の重複と見なして削除すべきだろう。
㉒未だ学びずと言ふといへども、必ず学びたる人に勝れり…まだ、儒教などの勉強をしていないといっても、その教えを学んでも実行しない人より間違いなく勝っている。「学びず」は、文法的には「学ばず」とすべきだが、変えずにそのままにした。

校異

百十一頁　一行目「文盲《もんまう》」↑底本は「文盲《もんもう》」、五行目「産業《さんげふ》」↑底本は「さんぎやう」、「費《つひ》やし」↑「費《つい》やし」、百十二頁　三行目「家業《かげふ》」↑底本は「家業《かぎやう》」、九行目「問うて」↑底本は「問ふて」、「孝心《かうしん》」↑底本は「孝心《こうしん》」、十行目「孝行《かうかう》」↑底本は「孝行《こうこう》」、百十三頁　一行目「故に《ゆゑ》」↑底本は「故に《ゆへ》」

解説

無学な男が翁に「道にかなふ行ひ」について尋ねるという話だが、この男の言う「道」とは、おそらく孔子の唱える「子曰『志於道、拠於徳、依於仁、遊於芸』（孔子がおっしゃるには、普遍的な天の道を求め、道徳心を本にして、人の道たる仁の心を持ち、学芸の世界を楽しむことが大切だ）」（『論語』「述而・第七」）にある、人として踏まえなければならない行動の筋道のことであろう。この男は文字も読めず無学ゆえに、こうした「道」については知らない。そこで、翁は「孝行なり」と説く。そして、具体的な例を挙げて孝行の大切さについて述べていく。まず、『論語』（学而・第一）の「君子務本。本立而道生。孝弟也者其為仁之本与」を例に挙げる。すなわち、教養人は人間としての根本の修養に努めなければならない。根本が確立すれば道がわかるものだ。父母に尽くし目上を敬う孝弟が仁、すなわち人間愛という生き方の根本なのだと説くのである。

さらに、翁は「たとへ一文不知なりとも、文盲に孝行尽くさば、これを君子の人とも、学びたる人とも言はめ（たとえ一字も知らず読み書きができなくても、一途に孝行を尽くす人ならば、これを徳を備えた人とも、学問を身につけた人とも言えるだろう）」と続けた。ここで、翁は孝行の大切さを説くあまり、学問や知識を身につけることを軽んじていると言わざるを得ない。

しかし、翁が最も重きを置く孔子は、『論語』（学而・第一）の冒頭で、「学而時習之、不亦説乎（学問をして機会あるごとに復習すれば、それが知識となって身に備わる。それは何と喜ばしいことではないか）」、と述べ、「学而・第八」で「学則不固（学問によって知見を広めれば、頑固にならず柔軟な態度をとれる）」、「泰白・第十七」で「学如不及。猶恐失之（学問をするとき、自分はまだ十分ではないと思え。なお、学んだことは失うまいと心がけよ）」と述べている。それらばかりか、孔子は『論語』の至る所で学ぶことの意義を説いている。孝子の教えを重んじているはずの虚白斎が翁にこういう発言をさせたのはなぜだろうか、また、それにはどういう背景があったのだろうか。

一つには、当時の庶民たちの意識の反映があったのだろう。虚白斎の師のまた師にあたる石田梅岩は、『都鄙問答』（播州の人学問の事を問の段）で、

（播州の人）曰、学問をさせ候者ども、十人が七八人も商売農業を疎略にし、且帯刀《かつ》を望《のぞみ》、我をたかぶり他の人を見下し、親にも面前の不孝はいたさねども、事によりて親をも文盲に思やうなる顔色見ゆ。然れども他人の聞悪《ききにく》き様に、反り返答せぬことは学問の徳かと思へども、親には黙然とだまり居る者ぞと云やうなる顔つき見へ、また少しにても学問致したる者なれば、親達も遠慮せらるゝ体に相見へ申候。夫《それ》ゆへ手前の伜《せがれ》も若左《もし》様に成候へば、迷惑に存じ得登《えのぼ》せ申さず候

と述べた。すなわち、「播州の人」には、学問を学んだ者たちが仕事を疎かにしたり、帯刀を望んだり、あるいは、尊大になって人を見下す例を見てきたし、そういう者たちは、親への敬愛の心が薄らいでいたという実感があったのだろう。また、親の方でも学問を身につけた子どもへの遠慮が出て来ることなどを危惧したのであろう。息子がそんな人間になったら困るという意識で「播州の人」は、息子に学問をさせたくないという気持ちになったのに違いな

い。

もう一つには、老荘思想の影響を受けていることも考えられる。老子は「道徳経・上・二十」で、「絶学無憂（学ぶことをやめたら、思い煩うこともなくなる）」と述べ、さらに、「同・四十八」で、「為学日益、為道日損（学問を修めれば、日に日に知識は増すが、真の道を修めていると日に日にその知識は減っていく）」と述べ、知識は、むしろ迷いのもとになるから、学問などしない方がよいと主張している。

いずれの考え方の影響を受けたものかはわからないが、翁は、学問がなくても人の道に立って生きていくことが出来ると続け、「孝子」とされた人物の孝行例を挙げながら、理屈としての孝行ではなく、行動としての孝行の大切さを説くのである。

網屋何某という人物は、老母に仕えて、夏の暑い日には、屋根の上に水をまいて涼しくし、冬の寒い日には、老母の足もとに横になって足を暖め、仕事以外は一歩も外に出ないで、老母のつれづれを慰める話し相手になった。菩提寺で説法談義があるときは、老母を背負って出向いた。なお、孝心の衰えることを恐れて、四十歳を過ぎるまで妻を迎えることもしなかったという話だが、虚構性が高く、郭居敬の『二十四孝』（黄香・扇枕温衾）の、

一意事父、夏天暑熱、為扇涼其枕蓆。冬天寒冷、以身暖其被褥（ひたすら父に仕えること、夏の暑さがひどいときには、枕や寝具を扇であおいで冷やし、冬の寒さが厳しいときには、自分の体で父の布団を暖めた）

と類似性を持っている。『二十四孝』（扇枕温衾）では、仕えて孝行する相手が母ではなく父となっているが、翁が取り上げた網屋何某という人物の孝行話は、それと同工異曲と思われるので、虚白斎がその話をもとにして創作したも

のかも知れない。

ある日、我（「ある人」だが、「翁」と思われる）が「足下の孝心、一郷にまた類なし。いづれの師に学びて、かの如くや」と尋ねると、その孝行息子は「孝行はなかなか我等ごときの及ぶべき事にあらず。身体髪膚、みな父母の賜なり。その身体髪膚、みな父母の為に尽くし終はりても、もともとなり」と答えた。「孝心」の大切さを学問として学ばなくても、ひたすら親のために献身的に尽くせばよいというのがこの孝行息子の考え方である。そこには、学問の否定とまではいかないが、学問の軽視という考え方が表れている。「身体髪膚、みな父母の賜なり」については、講話十一の【解説】でも述べたように、自分の体はすべて父母からいただいたものだから、それを傷つけたり損なったりせず大切にしなければならないが、その大恩ある父母のためならば、すべてを使い尽くすのは当然のことだというものである。

その背景には、『小学』（内篇・明倫）にある、孔子のことばを引用した「孝始於事親、中於事君、終於立身（親孝行は、親に仕えることが始まりで、その気持ちで君に仕えることが第二で、さらに、一身の行動を全うすることがその終わりである）」という考え方がある。また、『二十四孝』（呉猛・恣蚊飽血）の、

呉猛年八歳、事親至孝。家貧、榻無帷帳。毎夏夜、蚊多潜膚、恣取膏。雖多不駆之、恐其去以而噬親也（呉猛は八歳であったが、親に仕えて孝行を尽くした。だが、家が貧しく寝床には蚊帳がない。毎年夏の夜には、多くの蚊が膚に潜み、ほしいままに呉猛の脂ぎった膚に取り付いた。蚊がたくさんいても追いはらわなかった。呉猛がそうしたのは、蚊が父の所へ行って刺すのを恐れたからである）

からの影響も考えられる。この例は、親孝行の本来のあり方からすれば、滑稽で非現実的な行為であるが、この孝行

譚は「愛親之心至矣（親を大切に思う心はこの上ないものであるよ）」と結ばれており、立派な親孝行の例として後世に伝えられているのである。自己を犠牲にしてまで親に尽くすというこうした姿勢は、講話八の【解説】に挙げた「郭巨」の場合もそうであったが、孝行の行き過ぎであり間違ったものであるという感が否めない。

十七「その次は誰じゃ」

「近年は昔と違ひ、①時節が悪うて渡世しがたし。何ぞ能き身過ぎ有るまじきや。御考へ給はるべし」

翁、②空うそ吹いて、「③『海士のかる藻に住む虫の我からとねをこそなかめ世を恨みじ』、これ御客、時節が悪うて世が渡りにくいの、身過ぎができぬのとは、④冥加知らずのいふ事なり。太平の御代に生まれ合ひ、何ひとつ不自由になきままに、飽くまで食らひ、暖かに着、⑤身の分限をわきまへず、奢《おご》りに驕《おご》り重ぬる故、身過ぎの出来ぬのみならず、人の身過ぎの害をなす。それ〴〵の分限を知り、少しも奢りがましからで、己が家業を本とせば、今この御代の有り難さ、などか渡世のかたからん。兎《と》や角《かく》いふは、みな⑥分際を知らざるなり。乱世の悲しみを知らざる故、かゝる御治世の安楽なるを、安楽なりとも思はず、その安楽なるを安楽なりとも思はざるは、長々の大病⑦本復して、本復の祝ひする人はあれど、病まざる祝ひを祝ふ人なきが如きか。また⑧途中にて日を暮らし、闇の夜に路を失ひ、⑨如何《いかん》ともせんかたなき時、思ひがけなく人有りて、提灯《ちゃうちん》を貸してくれなば、その時の嬉しさはいつまでも忘れず。⑩折節には思ひも出し、言ひも出して悦《よろこ》べども、日々照らし給ふ⑪天道の事は、小提灯ほどにも思はず。⑫自身一分の小提灯は悦べども、⑬広大無辺の⑭天恩⑮国恩をば、さほどにも悦ばざるは、⑯冥加なきことにあらずや。しかのみならず、己が⑰勝手の悪しきとては、降るの照るの、長きの短きの、何の角《か》のと役にも立たぬ寝言をいふ。⑱然りとては目を覚まし給え」

注

①時節…世の中の情勢。時世。その時代の世間の状態や世人の考え方。

②空うそ吹いて…得意げで尊大な態度をとって。

③海士のかる藻に住む虫の…『古今集』（巻十五・恋歌五）にある典侍、藤原直子朝臣の歌。初句・第二句は、「われから」を導き出す序詞。「われから」は、甲殻類の一種「割殻」と「我から」との掛詞。「ねをこそなかめ」の「こそ～め」は、係り結びで、「め」が意志を表す。声に出して泣きましょう。「世」は男女の仲。「恨む」は、中古には上二段活用であった。この歌の意は、「漁師が刈り取る海藻に住みつく虫の『われから』ではないが、『自分のせいで』と声を出して泣きましょう。こうなった二人の仲を恨むようなことは致しません」というもの。翁は、「暮ら

しが立たないのは、人のせいではなく、あくまで自分のせいである」ということを伝えようとして、この歌を口ずさんだ。
④冥加知らず…神仏の加護のありがたいことを知らないこと。神仏の功徳などをまったく感じていないこと。また、そのような人。
⑤身の分限…身の程。自分の身分や能力などの程度。
⑥分際…身の程。「分限」に同じ。
⑦本復…全快。病気がすっかり治ること。「ほんぷく」ともいう。
⑧途中にて日を暮らし…目的地へ行く道の途中で暗くなり。
⑨如何ともせんかたなき時…どうにもしようがないとき。なすべき方法がなく困惑した状態をいう。
⑩折節…その折その折。その時その時。
⑪天道…太陽。日輪。「お天道さま」と言うことが多い。
⑫自身一分…自分自身。自分一人。「じしんいちぶん」と読む。「自身」と「一分」は同義語反復。
⑬広大無辺…広さ高さ大きさなどが限りないこと。大きくて果てしないこと。また、そのさま。「広大無量」に同じ。
⑭天恩…天の恵み。「天恵」に同じ。
⑮国恩…国から受ける恩。国の保護を得て生をまっとうする恩恵。
⑯冥加なきことにあらずや…神仏の加護をないがしろにするのは畏れ多いことではないか。ここでは、「天恩国恩」に感謝の心を持たないのは畏れ多いことだ、という意味で「冥加なきこと」という表現を使った。
⑰勝手…都合。便利。
⑱然りとては…それにしても。そうではあっても。転じて、まったく。本当に。

校異

百十九頁　一行目「悪うて」↑底本は「悪ふて」、三行目「にくい」↑底本は「にくひ」、「冥加《みやうが》」↑底本は「めうが」、五行目「故《ゆゑ》」↑底本は「故《ゆへ》」、六行目「家業《かげふ》」↑底本は「家業《かぎやう》」、百二十頁　六行目「然りとては」↑底本は「去りとては」

解説

ある男が現れて、「近年は昔と違ひ、時節が悪うて渡世しがたし。何ぞ能き身過ぎ有るまじきや」と翁に聞くが、これは、講話二の場合と同じく商売替えについての相談である。だが、翁は商売替えの問いに対して正面から答えることはせず、和歌を口ずさんで話題をそらし、「時節が悪うて世が渡りにくいの、身過ぎができぬのとは、冥加知らずのいふ事なり」と言って、この男の考え方の間違いを指摘する。そして、「身の分限」をわきまえて、質素な生活を心掛け家業に精を出せと諭す。いま置かれている天下太平の御代に感謝する気持ちを持てば、「などか渡世のかたからん（どうして世を渡ることが難しかろう）」と語り、世の中の現状を肯定することを促す。

表面的には、講話十四の【解説】でも述べたように、分相応のところで満足する「知足」の大切さを強調する面を持っているが、現在の分に安んじる「安分」の勧めという側面も持っている。つまり、現状維持の精神で体制に順応し、批判精神を持たないことが世を渡る上で重要なのだと説いているのだ。ここではさらに、贅沢を戒め質素に生きることの大切さも説いているが、これも幕府から示された経済引き締めの政策に庶民を順応させようという考え方に立った上からの教えということになろう。

なお、「分」ということばは身分上・経済上の分ばかりでなく、古来、幅広い意味で用いられてきた。それが身分

や地位であったり、分際や立場であったり、あるいは、力量や能力などであったりした。次に挙げる『徒然草』百三十一段の、

貧しき者は、財をもッて礼とし、老いたる者は、力をもッて礼とす。己が分を知りて、及ばざる時は速かに止むを、智といふべし。許さざらんは、人の誤りなり。分を知らずして強ひて励むは、己れが誤りなり。貧しくして分を知らざれば盗み、力衰へて分を知らざれば病を受く（貧しい人は、財貨を人に贈ることを礼儀と思い、年老いた人は、その体力を貸すことを礼儀だと心得るものだ。しかし、自分の分というものを理解して、力の及ばないときにはすぐにやめるのを知恵というべきだろう。それを相手が許さないならば、その人が間違っているのである。分をわきまえずに無理をすることは、本人の誤りである。貧しいのに貧しいという分をわきまえなければ盗みを犯し、力が衰えているのに衰えているという分をわきまえなければ病気にかかることになるのだ）

という例は、「分」が力量や能力のことを意味しているだろうが、これもやはり、分・分限・分際を知ることの大切さを述べたものである。

「日々照らし給ふ天道の事は」については、『孝経』（庶人章・第六）にある、

用天之道、分地之利、謹身節用、以養父母。此庶人之孝也。（お日様の力を用いて、大地の地勢や地質などを振り分けて活用し、わが身を謹んで節約に努め、そうして父母のお世話をすることが、庶民にとっての孝である）

という一節を踏まえたものであろう。「天の道を用いる」とは、太陽の力を用いることだが、それは、春の種まき・夏の生長・秋の刈り入れ・冬の蔵入れという四季の循環に合わせた作業をすることであり、「地の利を分かつ」とは、

田畑や山林、湿地や乾土、沃土や貧土などのそれぞれの地勢や地質にあったものを植えて育てることである。そうした天地の恵みに感謝して、身を慎み節約に心がけて両親に孝を尽くせという意味である。こうした恵みがすなわち、翁の言う「広大無辺の天恩」であろう。

「国恩」は、字義からすれば、国家から受ける恩を意味するが、ここでは、徳川幕府の政策に満足し感謝せよという意味合いでこの語が使用されている。講話五の【解説】でも述べたように、時は「田沼時代」であった。富裕町人層が安定した経済生活を送り、戦《いくさ》のない武士たちが平和で安楽に生活する一方、その日暮らしの町人たちは、賄賂政治にも不満を持っていたし、役人たちにも不満を持っていた。百姓たちは、それ以上に、幕政や藩政に対して強い不満を持っていた。明和元（一七六四）年には、二十万人以上が参加した「明和伝馬騒動」と呼ばれる百姓一揆が起こったし、それに前後して全国各地で百姓一揆が頻発したのも幕政に対する大いなる不満の証である。幕府は、明和七（一七七〇）年に「天明御触書集成」（定め）として、

何事にもよらす、よろしからさる事に百姓大勢申合せ候をととう（徒党）ととなへ、ととうして、しゐて（強いて）ねかひ（願）事くハ（企）たつるをこうそ（強訴）といひ、あるひハ申あハせ、村方たちのき候をてうさん（逃散）と申、前々より御法度《ごはっと》に候条、右類の儀これあらは、居むら他村にかきらす、早々其筋の役所え申出へし、御ほうひとして、ととうの訴人、銀百枚、こうその訴人、同断、てうさんの訴人、同断、

という高札を立てて、訴え出た者には報奨金まで出そうとしたが、一揆は一向に収まる様子を見せなかった。こうした不穏な社会的な背景のもとで、この作品が書かれ、その中で「国恩」という語が用いられたという意味を考えなければならない。

十八　「その次は誰じゃ」

「拙者　①生得《しやうとく》短気にて、腹立つときは、後さき見ず怒り罵《ののし》り、②科《とが》なき諸道具を投げほゝり、杖、棒を振り上げたり、③拳に息を吹きかけたり、燃え立つときは火に入るも知らざれども、そろ〳〵短気しづまれば、その後悔また甚だし。後悔も我、短気も我、後悔する短気ならば発《おこ》さぬが能《よ》いといふ人あれば、おれが発したくて発す短気か、生質《うまれつき》なれば　④是非なしと、また短気発る。これにも医者の有るべきや。御考え給はるべし」

翁の曰く、「⑤阿房《あはう》に付くる薬はなけれど、汝《なんぢ》は少し　⑥脈がある。⑦下愚といへども　⑧道心なきこと能《あた》はず、後悔さもあるべし。然《さ》りながら短気を生まれ付きなどとは　⑨付けう薬も無い一言。生まれ付きの短気ならば、今ここへ出して見せよ。⑩出まいがな。いや、ここな　⑪内広がりの外狭《そとすぼ》り。短気はもと、気ままといふ病なり。上へ向いては短気出まい。人によつて発り、人によつて発らざる短気を、生まれ付きなりと捨て置かば、病に病重ぬべし。もし隣の小児を抱き、膝《ひざ》へ尿《いばり》をかけられても、汝《なんぢ》また短気が発るか」

曰く、「否《いな》、相手⑫無我なる故、短気出でず」

また問ふ、「屋根板、風に吹き散りて、⑬小鬢先《こびんさき》に傷付きなば、それ如何」

「屋根板に心なき故、我また腹の立つ事なし」

「然《しか》らば何ぞ無我無心にはならざるぞ」

短気者肘《ひぢ》を張り、額に青筋立てて曰く、「翁のをしへ⑭入りほがなり。その無我無心は人に腹を立てさせまじきをしへならずや。我が問ふ所、さにあらず。腹の立たざる教へを聞かん」

翁、笑うて曰く、「まづ人に腹を立てさせざる修行せよ。これ短気を治す妙剤なり。もし無我無心の短気、無我無心の腹立ちならば、何んぼなりとも出次第々々々」

注
①生得…生まれ付き。天性。
②科なき…過失のない。罪もない。「科」は、人からとがめられるべきこと。責められるような行為。

③拳に息を吹きかけ…喧嘩で相手を殴る前にする動作。
④是非なし…仕方がない。どうしようもない。
⑤阿房…愚かであるさま。ばかなこと。また、そのような人。「阿呆」とも書く。「阿呆に付ける薬はない」は、「馬鹿に付ける薬はない」と同様、愚かな人間を治す方法はないの意。
⑥脈がある…前途の見込みがある。まだ望みが残されている。
⑦下愚…きわめて愚かなこと。また、その人。
⑧道心…道徳の心。ことの善悪、正邪を判断し、正道を行おうとするこころ。
⑨付けう薬もない一言…付ける薬もないという一言だけだ。「う」は「む」が転じた形。婉曲の用法。
⑩出まいがな…出ないだろうよ。口語体の表現。
⑪内広がりの外狭り…家の中ではいばるが、外へ出ると意気地がなくなること。「内弁慶の外すぼり」に同じ。『浮世風呂』(二・下)にも「なんの、内広がりの外すばりよ。おい、ねへ、蔭弁慶だつちやねへ」とあるが、巷間に伝わることわざの一つ。
⑫無我…無心なこと。私心のないこと。
⑬小髭先…鬢のはし。びんさき。「小」は接頭語。「小鬢先」の字が正しい。
⑭入りほが…詮索しすぎて的が外れること。うがちすぎ。「入穿」と書く。

校異　百二十五頁　一行目「諸道具《しよだうぐ》」↑底本は「諸道具《しよどうぐ》」、「杖《つゑ》」、↑底本は「つえ」、「棒《ばう》」↑底本は「ぼう」、三行目「後《こう》悔《くわい》」↑底本は「後悔《こうくはい》」、六行目「阿房《あはう》」↑底本は「阿房《あほう》」、「付くる」↑「付ける」、七行目「付けう」↑底本は「付けふ」、百二十六頁　二行目「故《ゆゑ》」↑底本は「故《ゆへ》」、六行目「額《ひたひ》」↑底本は「ひたい」、「青筋《あをすぢ》」↑底本は「あをすじ」、「をしへ」↑底本は「おしへ」、八行目「笑うて」↑底本は「笑ふて」、「治《なほ》す」↑底本は「治《なを》す」

解説

「拙者生得短気にて」と思う武士が登場する。彼はもちろん「短気は損気」という箴言を知っているだろうし、経験的にも短気を起こして損をしたこともあったろう。だからこそ、それを治したいという思いで翁のところに相談に来た、というのがこの講話の設定である。

短気に悩むという問題については、『都鄙問答』（或人親へ仕之事を問之段）に、

（或人）曰、「私生質《うまれつき》短気に御座候。これはなをし申度候《まうしたくさうら》へども、生質ゆへ是非なく候」（中略）
（梅岩）曰、「汝生質にて短気なりと云り。生質に短気と云ことあるべからず。此気随《きずい》の為すところなり。貴人に対し気随出るものにあらず。慎み直さば、なをらざる事いかでかあるべき」

とある。その内容は、（ある人が）「私は生まれつき短気です。これを治したいと思っていますが、生来のものなのでどうしようもないのです」と語ると、（梅岩が）「そなたは生まれつき短気だと言った。生まれつきの短気などあるはずもない。それはわがままな性格が作り上げたものだ。高貴な人に対してわがままが出るものではない。慎み直すな

らば、直らないことがどうしてあろうか」というものである。

『都鄙問答』にあるその話は、この講話十八の話と趣旨がほとんど同じである。虚白斎は、恐らく『都鄙問答』をもとにして、この講話を書いたのだろう。ただ、虚白斎の場合は、短気な男の様子を具体的に詳しく述べているので、その描写にはリアリティーがあって面白い。「腹立つときは、後さき見ず怒り罵り、科なき諸道具を投げほゝり、杖、棒を振り上げたり、拳に息を吹きかけたり、燃え立つときは火に入るも知らざれども、そろ〳〵短気しづまれば、その後悔また甚だし」というくだりは、この短気男の様子が活写されており、臨場感がうかがえる。「火に入るも知らざれども」は、怒りのあまり周りの様子がまったくわからない状態を表しているのだが、「飛んで火に入る夏の虫」のたとえのように、自ら進んで危険な状態に身を投じ、災難を招いていることにも気が付かない短気男の様子が感じられる深みのある表現になっている。まさしく「短気は損気」を地で行っているといえよう。

なお、『都鄙問答』では、この短気な男に端的に見られるさまざまな特徴が描き出されており、それが人物像の描写として面白いので、そのいくつかを取り上げてみることにする。そこで描かれた男は、道楽が大好きで謡・鼓・茶の湯・芝居見物などに熱中し、祖父の代から勤める手代には親不孝者と言われ、親からは夜遊びが過ぎると叱られるありさまで、家業も手代まかせで精を出して働こうともしない。父親から小遣いをもらっているが、それだけでは足りず、手代に頼みこんだり、母親からこっそりもらったりもしている。そのくせ吝嗇で周りの人に恵みを与えようとはしない。その上、乱暴なところがあって田舎から出てきた幼い奉公人を叩いて怪我をさせて大騒ぎを起こしたこともあった。一人前の自立心がなく人に頼り切るという、情けない男の典型ともいうべき人物像がありありと描写されている。

翁は「下愚といへども道心なきこと能わず」と、わずかながらでも「道心」があると言っているが、これは『書経』

（大禹謨）の「人心惟危、道心惟微」という一節の示す意味、すなわち、「生身の人間の心は、常に欲望におおわれていてたえず悪に陥る危険性があり、これを正すべき崇高な道義の心は、もともと微弱で明らかにしがたい存在である」と共通するのかも知れない。翁はこの男の微弱な道心に訴えて短気を克服させようとする。そして、「生まれ付きの短気ならば、今ここへ出して見せよ」と言い、「内広がりの外狭り」と言う。短気は生まれ付きだと自慢げに言うこの男に対して、翁は、短気といっても、家の中では威張って短気を起こすが、外に出ると意気地がなくなり、短気を起こさないだろうという。まして、目上に対しては短気を起こすことはないだろう。人によって短気を起こし、人によって短気を起こさないというのは「短気はもと、気ままといふ病なり」と翁はこの男をなじる。男はなおも、「腹の立たざる教へを聞かん」と詰め寄る。

対する翁は笑いながら最後に、「まづ人に腹を立てさせざる修行せよ。これ短気を治す妙剤なり」と答えて話を結ぶ。世の常として、相手が腹を立てなければ、こちらも腹を立てることは少ないものなので、こう言った翁のことばは、まさに卓見というべきであろう。

十九　「その次は誰じや」

「私は田舎者。姑に憎まれて家出①いたし、尼にも成らうか、いつそ死んでも仕舞ふかと、②取つ置いつ、先づ占うて見て下さりませ」

翁、算木を投げて曰く、「船の危きを恐れて、水に投ずる者のごとし。はなはだ悪い。今死んでは修羅道へまつ逆さま。たとへ尼になつたりとて、③世を恨みての尼なれば、これもまた修羅の種。あゝ、若いは能《よ》いが④しどが無い。尼に成るにも及ばず。死ぬるには猶《なほ》及ばぬ。そなたの心ひとつにて、つい丸うなることじや。これによう似た話がある。千寿村の⑤花車ばゞとて、近郷⑥名うての姑《しうとめ》有り。年は七十、歯はなけれど、嫁を噛《か》むこと煎餅《せんべい》の如くなれば、鬼ばゞとも異名せり。とうく三人⑦噛み出して、今の嫁は四人目。これは甚《はなは》だ辛《しん》ぼう強い。利発なる女なれども、夜昼となく⑧ふすべ立てられ、余りの苦しさ堪えかねて、今《いま》そこもとのいふ如く、尼に成らうか死なうかと心ひとつに据ゑかねて、隣の魚屋にこれを話す。この魚屋半兵衛は、⑨范蠡《はんれい》もどきの智恵者にて、ぐつと飲み込み、姑の心さへ和らがば、⑩四の五のは入るまい。その心を和らぐる事、それがしが⑪方寸にあり。そこもとの姑に限らぬ事、年寄りの意地の悪いは生まれ付きでは無いやまひじやと、さる御いしやの仰《おつしや》いし。この病を治す事、灸《きう》でも行かず。鍼《はり》でも届かぬ。ただ一色、奇々妙々の薬食ひが有るとて、伝授を受けて覚えて居る。療治して見る心ならば、薬は⑫己《おれ》が調合して、煮焚きの加減も伝授せん。一日に二三度づつ、飯のとき⑬用いてよし。我等医者にあらざれば、薬代は現銀、⑭賃苧《ちんそう》紡むか、糸を績《つむ》ぐか。そなたの手から拵《こしら》へて、銭持つて取りにござれ。さてまたここに大事がある。この薬を用ゆるうち、病人に少しにても腹立てさせる事はならぬ。一寸《ちよつと》でも気が立てば、薬かへつて毒となる。打たれうが叩かれうが、⑮杖の下から機嫌を取り、寂しげに見ゆる時は酒にて用ゆるもまたよしと、用いやうの秘事口伝言ひ含めて帰しぬ。嫁は教へに従ひて、朝は烏《からす》の先におき、夜の明くるまで賃苧《ちんそう》紡み、昼も仕事のすき間には糸を紡ぎ、夜はひとり寝残りて、夜中⑯八つまで賃仕事。糸を紡ぎ、賃苧紡み、⑰薬味を調へ、二三度づつ日毎々々用いけり。未だ二廻りにも満たざるに、その⑱験《しるし》、⑲手の裏を返す如く、日比《ひごろ》⑳手強き鬼者人、㉑我慢の角《つの》をころりと落とし、嫁子を可愛がるのみならず、㉒忍辱柔和の仏となり、今に仏ばさまとて達者で居るげな。

これは魚屋の方便にて、旨きさかなの料理して、嫁の㉓力みを抜きし故なり。こなたに力む心なければ、先にも力む心なし。たとへば、㉔捨小舟が流れかゝり、人の舟にあたりても、こなたが捨小舟なれば、先の舟、腹は立てぬ。先の舟の怒らざるは、こなたの舟に心無ければなり。舟に心有るが最後、互ひに怒り罵《ののし》りて、果ては波風荒くなり、どこへ舟が着かうも知れぬ。㉕我がよきに人の悪しきは無きものぞ。先の心の和らがざるは、こなた力みの有る故なり。力みを抜きても和らがずんば、力みの抜けざる故と思ひ、また力みを抜くべし。その上にも和らがざるは、いまだ力みの抜けざるなり。また、力みを抜くべし。まだその上にも和らがずんば、力みの抜きやう足らぬと思ひ、また〳〵力みを抜くべし。いつまでも〳〵、さきの心の和らぐまでは、こなたの心の力みを抜け。㉖笑顔は打たれぬ物ぞ」

注

①いたし…『近世庶民教育思想』（石門心学）には「いだし」とあるが、底本の通り「いたし」がよいだろう。

②取つ置いつ…あれやこれやと迷うこと。あれこれと。「取りつ置きつ」の転。

③世を恨みての尼なれば…世の中を恨んで出家する尼なので。出家して尼になるのは、本来は極楽浄土に迎えられる

ためのものであるのに、その妨げとなる恨みというような煩悩を持っていれば、成仏の願いは叶えられない、というのが仏教の考え方である。

④しどが無い…だらしない。しまりがない。「しど」は規律。

⑤花車ば、…悪心の老婆。鬼婆。「花車」は、遊女を監督・指揮する女。遣手婆。

⑥名うての…名高い。評判の高い。

⑦噛み出して…（嫁を）噛んで追い出し。

⑧ふすべ立てられ…やきもちをやかれ。「ふすべ」は、煙がたくさん出るように燃やすこと。いぶすこと。転じて、嫉妬すること。

⑨范蠡もどきの智恵者…范蠡のような知恵者。范蠡は、中国、春秋時代の越王・勾践の忠臣。勾践を助けて会稽の恥をそそぎ、後に野に下り巨万の富を築いたという。

⑩四の五のは入るまい…何のかのと文句を言うことはないだろう。

⑪方寸…ここでは、こころ。心中。胸中の意。心は胸中方一寸の間にあるとする考えから。

⑫己…これまで「己」という漢字に「おのれ」というルビが添えられていたが、すべて「自分」を意味していた。ここではルビが「おれ」になっており、「私」という意味の一人称で用いられている。近世前半期は貴賤・男女の区別なく自称として用いられたが、後半期になると次第に女性の使用が絶えるようになった。近世前期・中期を通して、悪いことばや卑称ではなかった。

⑬用いて…『近世庶民教育思想』（石門心学）には「用ひ」とあるが、近世の歴史的仮名遣いに従って「もちい」に改めた。「用ゐる」は、元来「持ち・率る」の意で、ワ行上一段動詞であったが、平安中期以降、ハ行転呼の現象

が生じて「ヰ」「ヒ」が混同され、「もちひる」とも表記されるようになり、さらに、ハ行上二段にも活用するようになった。また、「イ」「ヒ」「ヰ」の混同により、中世以後は、ヤ行にも活用するようになった。ここでは、ヤ行上二段活用で使用されていると判断する。

⑭賃苧紡む…手間賃を取って苧を績む。内職して金をつくる。「紡ぐ」は「績《う》む」の当て字。浄瑠璃『丹波与作待夜の小室節』（中）に「傍輩にも無心いひ百三十匁ととのへ、まちつとの所は、ちんそもよつぽどうみ溜めた」とある。これは内職仕事の代表的な一つであった。

⑮杖の下…「杖の下から回る子」、すなわち、杖を振り上げても逃げようとしないで、その下からすがりついてくる子ども、ということわざを踏まえる。なついてくる者やすがってくる者には情がわいて、残酷な仕打ちはできないということのたとえ。類似のことわざに「窮鳥懐に入る」というものもある。【解説】参照。

⑯八つ…午前二時頃。昔の時刻の呼び方で、丑《うし》または未《ひつじ》の刻、すなわち現在の午前二時または午後二時頃。

⑰薬味を調へ…薬を調合して。「薬味」は薬の種類、薬剤の種類の意。

⑱験…効き目。効果。効能。

⑲手の裏を返す…瞬く間に変わる。たなごころをかえす。「手のひらを返す」と同じで、ことばや態度などがそれまでとがらりと変わる意。

⑳手強き鬼者人…強くて勝てそうもない鬼のような人間。ここでは「鬼ばゞ」と異名のあった嫁いびりの「花車ばゞ」を指す。

㉑我慢の角…高慢や強情の気持ちが強いことを角の堅いことにたとえた語。

㉒忍辱柔和の仏…恨みがましさが消えて我慢強くなった上に、態度が優しく穏やかな仏のような人になったことを示

す。「忍辱」は、仏語で、侮辱や迫害を耐え忍び、心を動かさないこと。
㉓力み…強がり。負けん気。気負い。
㉔捨小舟…乗る人もなくうち捨てられた小舟。
㉕我がよきに人の悪しきは無きものぞ…自分が善良で優しければ、人が悪意を示すことはないものだ。これは道歌の上の句で、その下の句は「人の悪しきは我が悪しきなり」である。【解説】参照。
㉖笑顔は打たれぬ物ぞ…笑顔でいれば打たれたりはしないものだ。「笑顔に当てる拳はない」ということわざを踏まえている。【注】⑮と同種のことわざ。【解説】参照。怒って振り上げた拳も、笑顔で対応する相手には打ち下ろせなくなってしまうという意。

校異

百三十一頁　一行目「家出《いへで》」←底本は「家出《いゑで》」、「成らう」←底本は「成らふ」、二行目「占うて」←底本は「占ふて」、三行目「悪い」←底本は「悪ひ」、五行目「猶《なほ》」←底本は「猶《なを》」、六行目「よう似た」←底本は「よふ似た」、七行目「異名《いみやう》」←底本は「いめう」、八行目「女《をんな》」←底本は「女《おんな》」、九行目「堪えかねて」←底本は「堪へかねて」、「死なう」←底本は「死なふ」、「据ゑかねて」←底本は「居へかねて」、百三十二頁　二行目「無い」←底本は「無ひ」、「治《なほ》す」←底本は「治《なを》す」、三行目「覚えて」←底本は「覚へて」、四行目「調合《てふがう》」←底本は「ちやうがう」、「用いて」←『近世庶民教育思想・石門心学』は「用ひて」、九行目「教《をし》へ」←底本は「教《おし》へ」、「おき」←底本は「をき」、十二行目「居《ゐ》る」←底本は「居《い》る」、百三十三頁　四行目「着かう」←底本は「着かふ」

解説

古今東西を問わず、嫁と姑の不仲はしばしば目にし耳にするところだが、この嫁は悩み抜いた末に、「私は田舎者。姑に憎まれて家出いたし、尼にも成らうか、いつそ死んでも仕舞ふかと、取つ置いつ、先づ占うて見て下さりませ」と翁に語る。姑が嫁を憎んで苦しめる話は、さまざまな時代、さまざまな地域に残されているが、昔話や伝承などによると、多くの場合、残酷で意地悪な姑がいて、優しくてかしこい嫁がいるという設定になっている。次に挙げるのは、福井県・吉崎に伝わる伝承である。吉崎は蓮如上人が吉崎御坊を建てて以来、一向宗の盛んな土地柄であった。浄土真宗への深い信仰を持つ者が多く、伝承の中に登場する嫁もやはりその一人だった。吉崎御坊に伝わる伝承を少し長いが、ここにそのまま引用することにする。

むかし吉崎の近くの村に、清《きよ》といふ百姓の妻がゐた。夫の与三次や子に先立たれ、与三次の母と二人暮らしであった。いつの頃からか、蓮如の教へを受けて吉崎御坊に通ふやうになったが、老母はそれがおもしろくない。母は嫁をおどして信心を止めさせようと考へ、先祖伝来の鬼の面をつけて、吉崎へ出かける嫁を、途中の竹藪で待ちかまへてゐた。嫁は突然に現れた鬼女を見て、恐れおののいたが、じっと心を静めて、歌を口ずさんだ。

食《は》まば食め　喰らはば喰らへ　金剛の　他力の信は　よもや食むまじ

さうして念仏を唱へながら、吉崎へ向かった。

家へ帰った老母は、鬼の面をとらうとしたが、顔にぴったり付いて離れない。悔いてどこかへ隠れようにも足は動かず、わが身を恥じて自害しようにも手は動かず、ただ苦しんでゐた。そこへ嫁が帰ってくると、母の姿に仰天したが、とっさに一部始終を理解し、母に念仏をすすめた。母がその通りに「南無阿弥陀仏」の念仏を唱へると、面ははがれ、手足も動くやうになったといふ。それ以来、母も上人の教へを受けるやうになったといふ。
面は上人に預けられ、今も吉崎の願慶寺にあるといふ。

この話は、浄土真宗の「南無阿弥陀仏」という念仏を唱えることによる御利益のありがたさを伝えるものとなっているが、同時に鬼のような姑と優しい嫁の姿が浮き彫りにされている。嫁は一瞬だけ、鬼面がはがれない姑の姿に仰天したものの、すぐさま、信仰に導かれた優しい慈悲の心で念仏を勧めたのである。同伝承には、もう一つのエピソードがある。それは上記の話に先立つものであったようだ。姑はふだんから何とかして嫁をいじめようと思っていたが、嫁はどんなことでも姑の言うことを聞いてよく働いたので、姑はなかなか嫁いびりの口実を見つけることができなかった。そこである日、姑は嫁を呼んで、「私は『世に鬼婆と人は言ふなり』という下の句を作った。この上の句を作りなさい」と言ったので、嫁はしばらく考えていたが、『仏にもまさる心を知らずして』という上の句はいかがでしょうか」と答えた。その出来映えにびっくりした姑は、いじめてやろうとした思いがふさがれてしまったので、嫁をますます憎むようになったということである。嫁がみごとに上の句をつけて、

仏にもまさる心を知らずして世に鬼婆と人は言ふなり（仏にもまさるわたしの広く優しい心を知らないで、世間では私のことを鬼婆と呼んでいるようだ）

という形でき上がった歌は、姑を誉め讃えるものになっていたのだが、姑はそれを素直に受けとめることができなかったのである。でき過ぎた嫁は姑にとってはかわいくないものなのである。この老母にとって嫁は唯一の家族であるが、愛する息子と孫を失った悲しみは深く心を傷つけている。彼女は生きる希望も失っていただろうし、老い先も

短いと思っていたであろう。それゆえ、ひねくれざるを得なかったのである。姑は嫁の優しい心を素直に受けとめることはできず、逆にますます嫁を憎らしいと思うようになっていった。だからこそ、鬼の面までかぶって嫁を怖がらせ、嫁のお寺参りをする楽しみを奪って苦しめようと嫁を脅したのである。

ところで、石門心学の創始者、石田梅岩は「嫁と姑」という問題についてどう考えていたのだろうか。梅岩の著作にこの問題に関する記述は多くないが、『石田先生語録』（二二七）には、

婚《よめ》、最初《ノ》願ノ如クスレバ是《これ》婚《ノ》鏡トナランカ。何ヲ以テナレバ母親云ヤウハ「女子ト云者ハ一度婚入《よめいり》シテ二度反《かへ》レバ世間ヨリ親ノソダテガアマイニヨリ、先ノ気ニ得入ラヌ、サラレタト云ハレテハ、親マデノ恥ジヤホドニ、夫婦中ヲヨクシテドノヤウナ姑デモ気ニ入ルヤウニセヨ、舅トハ男ノコトナレバ又気ニ入ヨイモノゾカシ」。娘之ヲ請《うけ》ガヒテ、「御気ヅカイナサレマスルナ、タトヘ如何ヤウナ気強キ姑ニ出合テ、タ、キダサレテモ戻フトハ思ヒマセヌ、ヨシ又仏ノヤウナ姑デモドウデ母サマノヤウニアラフトハ存ジマセヌ、合点致シテ居マスル」ト云フモ娘ノナライカヤ

という訓話が見られる。すなわち、嫁の取るべき理想的な態度や心構えとしては、まず、嫁入りしたからには離別して実家に帰るようなことをしてはならない。もしそんなことをすれば、実家の親たちは育て方が悪いという非難を浴びるし、婚家の親も恥をかくことになるので、夫婦仲よく暮らせというものである。次に、どんな姑であっても、その姑から気に入られるようにせよというものである。また、舅というものは男であるので、嫁は気に入られやすいものだ、とも述べている。

ここに表れた考え方は、嫁はいかなる場合でも忍従の態度を崩さず、ひたすら婚家の両親に仕えなさい。そして、

それが実家のためにもなるし、夫婦仲よく暮らすことにもつながるというものである。そこには、女性を男性と同等な存在と見なかった時代背景と、「女性は生む道具」と見なされていた社会的な背景があった。同時に、こうした「性による格差」の創出によって、それが徳川封建体制と身分制度の安定を側面から支えようとした考え方と結びついていたことをここでも指摘しておかなければならない。

さて、本文に戻ろう。

翁が語った「舟の危きを恐れて、水に投ずる者のごとし」というたとえは、「舟」は姑を、「水に投ずる者」は嫁を暗示している。姑が恐ろしいからといって、死んでしまおうと思うのは、ちょうど、舟が怖いからといって、先に水中に飛び込んでしまうのと同じようであり、それは本末転倒の考え方であるとたしなめ、「丸うなることじや」と諭す。

次に、翁は意地悪で有名だと言われる「花車ばゞ」の話を持ち出し、花車ばゞに仕えた嫁がどのようにしてその心を和らげたかについて述べていく。この話はおそらく虚白斎の創作したものであろうが、話の展開の仕方が具体的で興味深い。その途中にある、「杖の下から機嫌を取り」ということばは、【注】⑮で述べたように、自分にすがりついてくる者には情がわいて、ひどい仕打ちはできないというたとえを踏まえている。これは一つの人生訓であり処世訓である。なお、類似のことわざが『顔氏家訓』（省事）にある。それは、

窮鳥入懐、仁人所憫、況死士帰我、常棄之乎（逃げ場を失った鳥が懐に飛び込んできたら、憐れみ深い人はそれを助け守る。まして、困窮し死を覚悟している兵士が助けを求めてきたら、どうして見捨てることができようか）

というものだ。人の心はそういうものと心得ている「范蠡もどきの智恵者」魚屋半兵衛は、姑の心を和らげる具体的な方法を嫁に話していく。それは、嫁の方から下手《したて》に出て姑の機嫌を取り、朝から晩まで一生懸命に働いている姿を見せれば、「日比手強き鬼者人」である姑も「我慢の角をころりと落とし、嫁子を可愛がる」ようになるというものだった。これも嫁にとっての大切な処世訓の一つであろう。

その具体的な様子を本文から探ってみよう。「嫁は教へに従ひて、朝は烏の先におき、夜の明くるまで賃苧紡み、昼も仕事のすき間には糸を紡ぎ、夜はひとり寝残りて、夜中八つまで賃仕事。糸を紡ぎ、賃苧紡み、薬味を調へ、二三度づつ日毎々々用いけり」というように、嫁の必死にがんばる姿が具体的に描かれている。嫁が真夜中に起き、夜が明けるまで内職を続ける姿は姑の目に映っていただろうし、ほとんど寝ずに賃仕事に精を出す嫁の姿は姑の心を大きく揺るがしたであろう。それに加えて、嫁が以前よりも優しく接してくれるようになったので、さしもの「鬼婆」の心の氷も溶けることとなったのである。

さて、次は嫁ではなく、姑にとっての処世訓を梅岩の『石田先生語録』から引用することで、この部分のまとめとしよう。

古ヘノ婚ノツラサヲ思ヒナバ鬼婆ジヤトハイカデイハレン

これは、かつて嫁と呼ばれていた頃に、姑からいびられて苦しんだ人が今は息子の嫁を迎えて、自分が姑と呼ばれる立場になった。つらかった昔の自分を思い出しながら詠んだ歌である。その趣旨は「むかし嫁であった頃、姑からいじめられたつらさを思い起こすと、どうして嫁に対して、鬼婆と呼ばれるような酷い扱いをすることができようか」というものである。梅岩は、嫁として義母に仕える「孝」についても説いているが、姑として嫁に接するときの態度についてもこの歌より前の部分でも説いている。嫁のあり方だけに言及する片手落ちを避けようとしたからである。一方的な押しつけだけでは物事はうまくいかないものだということを梅岩が熟知していたからであろう。

次に「捨て小舟」の話に移る。このことばは、『荘子』（外篇・山木篇）にある。それは、

方舟而済於河、有虚船来触舟、雖有惼心之人不怒。有一人在其上、則呼張歙之。一呼而不聞、再呼而不聞、於是三呼邪、則必以悪声随之。向也不怒而今也怒、向也虚而今也実。人能虚已以遊世、其孰能害之（舟を並べて川を渡ろうとするとき、人の乗っていない空船が向こうからやってきて、こちらの舟にぶつかった場合には、どんなに短気な人でもそれに腹を立てることはないだろう。ところが、向こうの舟に一人でも乗っていれば、舟を外に向けろとか、内に向けろとか呼びかけるだろう。この時、一、二度呼んでも聞こえなくて、三度目に呼ぶことになれば、きっと罵声を浴びせるに違いない）

という話だが、本文と強い類似性が見られるので、虚白斎がこれを参考にしたことは間違いない。

なお、翁が語った「我がよきに人の悪しきは無きものぞ」ということばは、道徳や心学の教えを伝えるために詠まれた道歌の上の句であるが、その下の句は「人の悪しきは我が悪しきなり」となっている。一首全体としては、「自分が善良で優しければ、人が悪意を示すことはないものだ。人が悪意を持って接してくるのは、自分が相手に悪意を示しているからである」という意味にでもなろうが、ここでは、善良な心、優しい心を持つことが大切だというところに重点がある。

虚白斎は「力み」ということばを「心の力みを抜け」を最後に、それまでに十回以上も使用しているが、そこまで「力み」を抜くことを女に強く求めるのはなぜなのだろうか。「心の力みを抜け」というのは、男に逆らわない従順さ

や物腰の柔らかさを女に求めるものであるが、そうした考え方は、講話一の【解説】で述べた儒教の教えと一致するもので、吉宗の享保の改革以後、町人社会で強調されてきた流れに沿うものである。

堵庵が『前訓』（女子口教）で、女の「三従の道」を強く説いているが、女として妻として、そのあるべき姿や態度について述べた中の一節に、「又女は外をいはずとて、殊に表むきの事は夫の任なれば、女は少しもいらふまじく、さしでまじきことなり」とある。これは『礼記』（内則）にある「男不言内、女不言外（男は家の中のことに口出しをすべきではないし、女は家の外のことについて口を出すべきではない」を踏まえたものであろう。「女子口教」では、さらに、（女は）

○身の行作はいふに及ばず、言葉づかひ尋常にして物やはらかなるべく

○子細らしき（分別くさく理屈っぽいの）は男めきてあしゝ（男のようでよくない）

ということばが続くが、堵庵は、女として「物やはらかなるべく」行動し、「子細らしき」態度を取ってはならないと諭している。また、同じ堵庵の『児女ねむりさまし』（いろはうた）にも「角《つの》といふものはこゝろの角《かど》をいふことに女はこゝろ丸かれ」という同様の趣旨のものがあるが、堵庵がここで用いた「角（つの・かど）」ということばは、虚白斎の言う「力み」と共通する意味を持つものであろう。なお、道歌にも「つのといふものは心の角をいふことに女はこころまるかれ（角というものは、心のとげとげしさのことをいうのである。とくに女は優しく丸い心でいなさい）」とあり、堵庵や虚白斎が述べたことと同じ趣旨を詠んだものがある。

最後の一節「笑顔は打たれぬ物ぞ」は、『五燈会元』の「僧問、如何是和尚家風、師曰、嗔拳不打笑面（ある僧が、和尚様の家風はどのようなものでしょうかと尋ねたところ、その師である和尚が、笑顔でいる人を拳で叩いたりしな

いのがわが家の家風だ）」が原典であろうが、前述した「机の下」「窮鳥入懐」という二つのことわざと同趣のものである。虚白斎は、嫁として姑に接する場合の態度について述べているわけだが、この一節を最後に置くことによって、この講話全体の教訓的な内容、すなわち、強い態度で向かってくる人には、むしろ優しい態度で接する方が効果があるのだ、という点を強調したかったのであろう。

この講話の主旨は、女性というものは男性に奉仕するものであり、妻は角を立てず丸い態度で夫に仕えよ、ということなので、現代の男女平等という視点からすれば、とうてい容認されるべきものではないだろう。だが、当時は封建社会であり、民主主義の時代でも男女平等の世界でもなかったわけだ。そうした時代に生きた心学者たちが女性蔑視の考え方に立っていたのは仕方のないことだったのである。そういう前提に立って、その主張する内容を考えてみると、男でも女でも日常生活において争いごとを避け、角を立てずに丸くあるべきだ、という教訓性を持っていることに気付かされる。この講話が円満な人間関係の保ち方を説いたという点では評価することもできるし、そのあり方は現代社会でも通用するものと見てよいだろう。

二十　「その次は誰じや」

「私は望みある身、いづれの神、いづれの仏に①立願掛けて②納受あらん。御考へ下さるべし」

翁の曰く、「『③心だに誠の道にかなひなば祈らずとても神やまもらん』、神は守り通しなり。祈れば守る、祈らずばまもらじと、神に隔つる心はなし。人の心が神を隔つる。誠の道とは④正路なり。その真っ直ぐなる道を行かず、⑤道ならぬ道を行き、⑥無量のくるしみその身をせむるは、みな己がなす災ひなり。⑦いづれの神に祈らんや。また⑧神は正直の頭にやどると聞きて、ただ正直なる頭を撰《えら》みて宿るやうに思ふ人あり。然《しか》らず。⑨一面の神国なれば、神の宿り給はざる所やある。目に見、耳に聞く。口に味を知るまでも、神の宿り給ふにあらずして、誰そ、但し人の力にて、見たり聞きたり味を知るとするか。その神を神と知らず。⑩皺《しわ》くた神にするときは、⑪視れども見えず、聴けども聞こえず、食《く》らへどもその味を知らざるに至る。さてまた昔、⑫枇杷《びは》を嗜《たしな》む人有り。その種の大いなるを愁ひて、清水《きよみづ》に詣で、枇杷の種をなからしめ給へと観世音に祈誓す。これを聞くもの愚かなりける人なりと笑ふ。枇杷の種の愚かなる事を知つて笑ふ人も、己が日々の願ひ、みな枇杷の種なる事を知らず。先づ今日の命も知らで、明日の事を願ひ、その身を慎まで、災ひの来たらぬ様にと願ひ、養生はせずして、無病を願ひ、顔の醜きも恥ぢず。この恋かなへ給へなど、、祈る類みな⑬枇杷の種ならずや。朝毎に神棚に向かひ、⑭めつたに顔をしかめ、喉をかすり、富貴繁盛、息災延命、家内安全、悪事災難、払ひ給へ清め給へと、厄払いなど言ひ並べ、祈るばかりが祈るにあらず。心だに誠ならば、祈らずとても、⑮鶴《つる》は千歳、亀《かめ》は万年、枇杷は枇杷の味、梅は梅の味。山葵《わさび》は鼻を弾《はじ》き、山椒《さんせう》はひりつく。万物一つとして神の宿り給はざるはなし。中にも⑯人は万物の霊といふ。山葵の鼻をはじき、山椒のひりつくに恥ぢて、私心私欲をはらひたまへ、清めたまへ。神詠に『⑰みな人の直き心ぞそのまゝの神の神にて神の神なり』」

また問ふ。「安産あり、難産あり。この考へ如何」

翁の曰く、「人の人を産むを見て、人の人を産むと見る。人の人を産むは人の人を産むにあらず。何ぞ人の力にて、人の人を産む事を得んや。止む事を得ずして言はゞ、人に因つて人の産まるゝならん」

客、問ふて曰く、「これはその神の⑱申し子、かれはこの仏の申し子など、昔より言ひ伝ふ。かくの如き事も有るや、否や」

翁答へて曰く、「天下みな申し子なり。何ぞかれこれのみならん。⑲禽獣虫魚草木の出生する、一つも申し子にあらざるはなし」

また問ふ。「申し子ならば、人力を尽さずしても、懐妊するや」

曰く、「否。ただ、居ては懐妊せず。その人力、本と申し子なる事を知つて、申し子の悟り開くべし。譬《たと》へば田地と種は申し子なり。耕すと種播《ま》くは人力なり。人力と申し子と合体して、五穀稔《みの》る。これすなはち申し子なり」

また問ふ。「申し子なれば、難産は有るまじきに、難産の間々あるは如何」答ふ。「これみな人力の過ぐる故なり。禽獣虫魚に難産を聞かず。恥づべしく。さて人力にまぎれ物あり。公の人力あり。私の人力あり。この所見分けがたし。工夫をめぐらし用ゆべし」

注

①立願…神仏に願を掛けること。願掛け。

②納受…神仏が祈願の趣旨を聞き入れること。

③心だに誠の道にかなひなば祈らずとても神やまもらん…天の道に叶う真心さえこめられているならば、たとえ祈らなくても神が守ってくれるだろう。

④正路…人の踏み行う正しい道。誠の道。正道。

⑤道ならぬ道…正路・正道から外れた道。人の踏み行うべき道から外れた道。

⑥無量のくるしみ…計り知れないほどの大きな苦しみ。

⑦何れの神に祈らんや…どんな神に祈る必要があろうか。「や」は反語。

⑧神は正直の頭にやどる…神は正直な人の頭に宿ってその人の苦難を救う。「正直の頭に神宿る」ともいう。正直の大切さの教え。『曾我物語』(一)にも「神明は、しやうじきのかうべにやどりたまふ事なれば(神様は正直者の頭に宿りなさることなので)」とあり、このことばは時代を超えてしばしば語られてきたものであろう。

⑨一面の神国なれば…(日本は)全土を通じて神が開き、神によって守護されている国なので。神道の考え方である。

【解説】参照。

⑩皺くた神にする…神を敬わずないがしろにする。「皺くた」は「皺くちゃ」に同じ。「皺くちゃ紙」をもじった。

⑪視れども見えず、聴けども聞こえず、食らへどもその味を知らざるに至る…(心が上の空では)見ようとしてもその本質が見えず、聴こうとしても大事な点が聞こえず、おいしいものを食べてもその味がわからないということになる。

⑫枇杷を嗜む人有り…枇杷が大好きな人がいた。夢窓国師の『夢中問答』が原典。【解説】参照。
⑬枇杷の種ならずや…枇杷の種がなくなるようにと神仏に祈った人と同じく愚かな行為ではないか。
⑭めつたに…むやみやたらに。むちゃくちゃに。
⑮鶴は千歳、亀は万年…鶴や亀を神秘化した中国神仙譚から出た語で、寿命が長くめでたいこと。『淮南子』（説林訓・十五）の「鶴壽千歳、以極其遊」が原典。浄瑠璃『雪女五枚羽子板』（厄払ひ）にも「鶴は千年、亀は万年、浦島太郎が重箱ざかな」とあるように、巷間に伝わることわざの一つ。
⑯人は万物の霊…人間はあらゆる生物の中で最も優れているということ。『書経』（泰誓・上）の「惟天地万物父母、惟人万物之霊（天地は万物の父母たる存在であり、人は万物の中で最も尊い存在である）」が原典。【解説】参照。
⑰みな人の直き心ぞそのまゝの神の神にて神の神なり…すべての人の真っ直ぐな心はそのまま神が宿ったものであり、神は神様であってあらゆるものをお見通しなのだから、私心のない清らかな人間になれるように真っ直ぐな心で神を敬いなさい、という意。
⑱申し子…神仏に祈ったおかげで授かった子ども。
⑲禽獣虫魚草木…鳥や獣、虫や魚、草や木など、すべての生命あるもの。

校異

百四十五頁　一行目「納受《なふじゆ》」↑底本は「納受《のふじゆ》」、二行目「守り通《どほ》し」↑底本は「守り通《どを》し」、五行目「頭《かうべ》」↑底本は「かふべ」、八行目「聞こえ」↑底本は「聞こへ」、九行目「大いなる」↑底本は「大ひなる」、「詣《まう》で」↑底本は「まふ」、百四十六頁　十一行目「得《え》ず」↑底本は「得《ゑ》ず」、十二行目「申し子《こ》」↑底本は「告子《もふしこ》」、百四十七頁　四行目「懐妊《くわいにん》」↑底本は「くはいにん」、五行目「居《ゐ》て」↑底本は「居《い》て」、九行目「故《ゆゑ》」↑底本は「故《ゆへ》」、「禽獣虫魚《きんじうちゆうぎよ》」↑底本は「禽獣虫魚《きんぢうちうぎよ》」

解説

何らかの大望を持つ人物が「いづれの神、いづれの仏に立願掛けて納受あらん。御考へ下さるべし（どの神様や仏様に願を掛ければ、願いを聞き届けてもらえるのでしょうか）」と尋ねたのに対して、翁は「『心だに誠の道にかなひなば祈らずとても神やまもらん』、神は守り通しなり。祈れば守る、祈らずばまもらじと、神に隔つる心はなし。人の心が神を隔つる。誠の道とは正路なり」と答えた。

ここで翁が言う「誠の道」とは、孟子の唱える「誠者天之道也。思誠者人之道也（まごころこそ自然の原理であり天の道である。まごころをこめようと努力することが人間の原理であり人の道である）」（『孟子』「離婁章句・上・十二」）のことであり、「誠」は最高絶対の道理であり、この道理を地上に実現するのは人間としての道だということである。なお、同書「離婁章句・上・十」には、「仁、人之安宅也。義、人之正路也（仁というものは、人にとってこの上ない安らかな居場所であり、義というものは、人にとってこの上ない正しい道である）」とあり、「正路」という語もここに見える。孟子は、「仁」を快適な住宅にたとえ、「義」を大道にたとえたが、それは、「仁・義」という高い理想を日常生活の中でも実践すべきと考えたからであろう。

なお、「誠の道…」という神詠は、石田梅岩の『都鄙問答』（巻之二・鬼神を遠くと云事を問の段）にも引用されており、石門心学の世界ではしばしば用いられていたものと察せられる。なお、同書には、この歌のあとに、『子路孔子の病を祈ることを請ふ。子曰、丘之祈久』（『論語』「述而編」）と。祈るとの玉ふは、誠の道に合《かな》へることなり。誠に合はゞ何ぞ祈ることあらんや」という一節がある。それは、孔子の病気を心配した弟子の子路が「祈爾于上下神祇（あなたの病気の平癒を天地の神々にお祈り下さい）」と勧めたところ、それに対する孔子の答えが「丘之祈久（その祈りなら、長いこと続けている）」というものだった。梅岩は、このことばを引いて「（孔子が）祈るとおっしゃったのは、それが誠の道にかなうものであったからである」と述べたが、さらに「誠の道にかなうならばどうして祈る必要があろうか」とも続けた。梅岩のその見解は「私は長いこと祈り続けている」という孔子のあり方を否定しているようにも見える。

だが、梅岩がこう述べた前提には、「古より神国の相に儒道を用ひ玉ふことを知るべし（日本はいにしえの昔から神国であり、神のお恵みがすべてに行きわたっているが、その助けとして儒教の教えを用いていることを知らなければならない）」という考え方があるのだろう。すなわち、梅岩は、中国における「神仏」や「祈る」ということの意味と、日本における「神」や「祈る」ということの意味を分けて考えているように思えるのである。すなわち、儒教の国である中国と、神国である日本とでは、神仏に対する考え方が根本から異なっているので、孔子の「祈る」という行為に対しても、孔子が日本の神に祈るわけではないので、異議を唱えるには当たらないと考えていたのではなかろうか。

なお、梅岩は、同段で「聖人は天命の外に望《のぞむ》ことは、皆罪なりとの玉《たま》ふ。願《ねがひ》と云は多《をゝく》は手前の勝手づくなり。手前の勝手づくをすれば、他の為に悪《あし》し。他を苦《くるしむ》るは大なる罪なり。罪人となつて争《いかで》神の御心に合《かなふ》べきや。万民に隔《へだて》なきこそ神なるべけれ。それに一方は悪《あし》くとも、一方の善《よき》やうに願ひをかなへ玉はゞ、贔屓《ひいき》の沙汰なり」とも述べている。すなわち、神に祈ったり願いを叶えてもらおうという考えは、身勝手なもので、それは罪である。もし、神が誰かの願いを叶えてやり誰かの願いを叶えてあげなければ、それは不公平だ、というのである。

また、同じ段の冒頭で、

或人問曰、「我朝《わがてう》の神の道と、唐土の儒道とは、異なる所あり。『孔子告樊遅曰《ハンチニツゲテ》、敬鬼神而遠之《キシンヲケイシテコレヲトヲザク》、可謂知《チトイフベシ》』（『論語』「雍也」）あり。我朝の神の道は左にあらず。然るに神と云名は同ふして、加様に替《かはり》あることは如何」

（中略）。

（梅岩）曰、「敬して遠《とをざ》くとの玉ふは左にはあらず。外神《ぐはいしん》を祭るは、敬慎而已《うやまひつゝしむのみ》を主とす。此故に道ならぬ穢《けがらはし》き願ひを遠ざけ、又先祖を祭るは孝を主とす（程子曰、祭先主於孝、祭神主於敬）。是遠《これとをざ》くにあらず。扨《さて》敬して遠《とをざ》くとの玉ふに、大に取違《とりたが》ひ有ことなり。神は非礼を受玉《うけたま》はず。然れば、非礼の願ひを以て近づくを不敬とす。敬ひ遠《とをざ》くとの玉ふにはあらず」

と述べた。その内容は、「或人」が孔子の語った「敬鬼神而遠之、可謂知矣（神仏はこれを敬わなければならないが、これを日常生活から遠ざけなければならない）」ということばを取り上げて、日本の神道と儒教の相違について尋ねたのに対して、梅岩が「外神を祭るは、敬慎而已《うやまひつゝしむのみ》を主とす。此故に道ならぬ穢《けがらはし》き願ひを遠ざけ、又先祖を祭るは孝を主とす」と答えたものである。

孔子の用いた「鬼神」という語には、二つの使い方があるようだ。一つは、上記の『論語』（雍也・第六）の例のように「神仏」の意味で用いたものであり、もう一つは、『論語』（泰伯・第八）の「致孝乎鬼神（先祖への孝、すなわち祭祀を尽くす）」や、同書（先進・第十一）の「季路、問事鬼神、子曰、未能事人、焉能事鬼（弟子の子路が先祖の霊魂を祭ることについて尋ねたところ、孔子はもしもまだ在世の親に正しく仕えることができていないのならば、どうして先祖の霊魂に仕えることができようか）」にあるように「先祖の霊魂」の意味で用いたものである。

しかし、このあたりの語句の意味や理解の仕方については諸説あり、「祈る」ことに関する梅岩の論旨の展開にも、混乱があるように思えるので碩学の解を待ちたいと思う。

ただ、私見として、梅岩は「鬼神」という語を二つに分けて、「鬼」が先祖の霊、「神」が天地の神々というように考えていたのではないかと推察している。すなわち、先祖の霊である「鬼」は、敬い祭って先祖への「孝」を主とし、天地をつかさどる「神」に対しては、「敬慎而已」を主とし「道ならぬ穢き願ひ（道に外れた自分勝手な賤しい願い）」を持って神に近づいてはならない、と諭した一節ではないかという理解である。なお、この部分で梅岩は「外神」ということばを用いたが、文脈から判断するに、それは世に言う「神」を指すものであろう。

日本は「一面の神国なれば、神の宿り給はざる所やある」と翁が語るが、これも同段にある、「我朝の神明も、伊弉諾尊《いさなきのみこと》伊弉冉尊《いさなみのみこと》より受《うけ》玉ひ、日月星辰より、万物に至まで総主《すべつかさどり》玉ひ、残《のこる》所なきゆへに唯一にして神国とは云へり」という考え方を踏まえたものであろう。神の力が天地の万物に及んでいると述べているわけだが、その背景には、天皇の先祖を神と考える天皇神道の思想があることを指摘しておかなければならない。弟子の堵庵も『会友大旨』（邪性の弁）で「我国は神の御国なれば殊更に神明を重んじ奉るべし（わが日本国は神様がお作りになった御国であるので、とくに天照大神を敬い申し上げなければならない）」と、梅岩と同様のことを述べている。こうした天皇神道を中心に置く考え方が、梅岩から堵庵へ、さらには虚白斎へと受け継がれていたのであろう。

なお、「視れども見えず、聴けども聞こえず」ということばは、『大学』（第三章）の「心不在焉、視而不見、聴而不聞、食而不知其味、此謂修身在正其心（心焉にあらざれば、視れども見えず、聴けども聞こえず、食らへどもその味を知らず、此れを、身を修むるはその心を正すに在り、と謂ふ）」を踏まえている。だが、その趣旨は、「平常心を持っていないと、何事に対しても正しい判断や行動ができないので、まずは、わが身を修めるために、自分の心を正せ」ということなので、翁の言う意味とはやや趣を異にする。その一節よりも内容的に一致するのはむしろ、『中庸』（十三章）の方であろう。それには、孔子のことばとして、「鬼神之為徳、其盛矣乎。視之而弗見、聴之而弗聞、体物而不可遺（神霊の働きというものは、非常に盛んであるなあ。鬼神は、その形を視ようとしても見えないし、その声を聴こうとしても聞こえないが、すべての事物と一体になってもれなく働いている）」とあるが、本文にある神との関係で言えば、こちらの方が本文の内容に近いであろう。

なお、次の例として本文に取り上げられた枇杷の種の話は、夢窓国師の『夢中問答』にあるので、それを引用する。

中比一《なかごろひとり》の老尼公ありき。清水に詣ふでねんごろに礼拝をいたして、願はくは大悲観世音、尼が心にいとはしき物を早く失ふてたび候へ、とくりかへし申しけり。傍に聞く人これをあやしみて、何事を祈り申し給うぞと問ひければ、尼がわかかりし時より枇杷をこのみ侍るに、あまりにさねのおほきことのいたはしく覚ゆる程に、年ごとに五月の比はこれへ参りて、比の枇杷のさねをうしなふてたび候へと申せ共、いまだしるしもなしと答へけり。たれだれも枇杷を食する時は、さねのうるさき事はあれ共、観音に祈りもうすまでの事にはあらずとて、おかしくはかなき事に語り伝へり。

右記の内容を要約すると、「遠くない昔、一人の老尼がいた。清水寺に参詣しては、観音菩薩に『あのいやなものを早くなくして下さい』と繰り返し祈っていたので、傍らにいた人が何を祈ったのか聞くと、『私は若いときから枇杷が好きだったのだが、あまりにも種が大きくていやなので、毎年五月にはここに来て祈っているが、まだなにも効果がない』と答えた。確かに誰にとっても枇杷の種は大きくて邪魔だが、何も観音様に願を掛けるほどのものなのだろうか」というような話である。虚白斎は、梅岩の教えにある「神は非礼を受玉はず」という考え方に立って、こういう種類の誓願を「非礼」な行為として退けたのである。

翁が語った「人は万物の霊」ということばは、「天地は万物の父母」と並べて用いられることが多い。【注】⑯で述べたように、『書経』に原典があるが、その内容に関連するものとしては、『都鄙問答』(禅僧俗家の殺生を譏の段)に、「天道は万物を生して其生したる者を以て其生したる物を養《やしなひ》、其生したる物が其生したるを喰ふ。万物に天の賦し与ふる理は同じといへども、形に貴賤あり尊きが賤しきを食ふは天の道なり」とあり、手島堵庵の『口教』(二)にも「一切万物はみなもと直に我が身なり。草木虫魚鳥獣、生あるものは猶以て我が身にとりて近く重し」とある。なお、不思議なことに、本書の刊行より百年以上も後に生まれた二宮尊徳の「神仏一理、万物天の分身なる論」にも、「世界、人は勿論禽獣虫魚草木に至るまで、凡そ天地の間に生々するものは、皆天の分身といふべし。何となればボウフラにてもカゲロフにても草木にても、天地造化の力をからずして、尽力を以て生育せしむる事は出来ざればなり」とある。また、道教にも仏典にも類似の内容が見られるので、このことは多くの書物に書かれ、多くの人々に語り継がれてきたものだということがわかる。

「神の申し子」については、古くは出雲神話に始まるが、その後さまざまな形で全国各地に民話や伝説として、広く伝えられるようになったのである。その多くは天地創造の神とされる大国主命の神話をもとにして作られたものと推察され、室町時代に製作・書写された種々の「御伽草子」の中にも「申し子」の話が見受けられるが、享保年間に刊行された「御伽文庫」によって世に広められたと考えられている。各地方に伝わるほとんどの話に共通するのは、「子どもに恵まれない夫婦が神仏に願を掛けてお参りした結果に子どもを授かる」というものである。その「子ども」がいわゆる「神の申し子」や「仏の申し子」といわれるものである。おとぎ話に登場する「申し子」の多くは、男女とも美しく優れた能力の持ち主で、両親を幸せにもし、豊かにもするという特別な能力を持った存在として描かれている。

だが、翁の言う「申し子」はこれらとは異なるものである。翁は「天下みな申し子なり。何ぞかれこれのみならん。禽獣虫魚草木の出生する、一つも申し子にあらざるはなし」と述べたように、世の中に存在するすべてのものが「神の申し子」だと考えている。この考え方の裏には大国主命の天地創造の神話の影響が見受けられるが、翁はそれを一歩進めて、「田地と種は申し子なり」と言い、それは天地の神々が与え給うたものとし、「耕すと種播くは人力なり。人力と申し子と合体して、五穀稔る。これすなはち申し子なり」と付け加えた。それは、神のお力に感謝すると同時に人力を尽くして働くことの大切さを述べたものだが、そこに翁の言いたいことの主眼があり、石門心学の教えの重点がある。

ところで、最後の一節「さて人力にまぎれ物あり。公の人力あり。私の人力あり。この所見分けがたし」はどう理解すればいいのだろうか。おそらく、「公の人力」は幕府や諸藩の治世であり、「私の人力」は個人の努力を指すのであろう。両者とも混然とした部分があるので、分かちがたく「この所見分けがたし」と言ったのだろう。この一節は、公・私ともどもが力を出し合って、よい世の中をつくっていきたいという意見であると判断したいものである。

二十一「その次は誰じや」

「拙者朋友、この頃、金の ①出入りにて、昼夜心を苦しめ候ふ。この義に付いて、御占ひ頼みたし」

翁の曰く、「銭かねばかりを宝と思ひ、その宝に縛られて、命を縮むる人多し。命を縮むる宝ならば、②宝なきこそましからめ。③真の宝といふ物は、人々所持する ④性根玉なり。この玉を宝と知らざる人々は、己が勝手の悪しき事には、この玉に傷を付け、しかも、その傷を傷と知らず、銭銀に目がくれては、玉の光を失ふに至る。⑤玉磨かざれば光なし。日々に磨き、また日々に磨き、⑥明徳を研ぎ出すべし。古語に曰く、⑦『金玉を宝とせずして、⑧忠信以て宝と為《す》』また曰く、⑨『爾《なんぢ》は玉を以て宝と為。我は貪らずを以て宝と為』」

注

①出入り…貸し借り。貸借勘定。

②宝なきこそましからめ…宝などない方がましであろう。

③真の宝…最も大切なもの。

④性根玉…根本的な心の持ち方。「性根」を強めた語。

⑤玉磨かざれば光なし…生まれつき優れた才能や素質を持っていても、学問や修養を積まなければ、それらを活かすことができないということ。『礼記』（学記）の「玉不琢不成器、人不学不知道」が原典。【解説】参照。

⑥明徳…天から与えられた優れた特性。『大学集注』の「明徳者、人之所得乎天」が原典。【解説】参照。

⑦金玉を宝とせずして…金銀などの財宝を宝物としないで。『金言童子教』の「金玉非実宝、以善人為宝（金玉は実の宝にあらず、善人を以て宝とす）」が原典。【解説】参照。

⑧忠信以て宝と為…忠実と信義を大切な宝物と考える。「忠信」とは、誠実で正直なこと。【注】⑦「以善人為宝」をもじったもの。【解説】参照。

⑨爾は玉を以て宝と為。我は貪らずを以て宝と為…そなたは玉を宝だと考える。しかし、私は欲張らないことを宝だと思う。『春秋左氏伝』（襄公・十五年）の「我以不貪為宝、爾以玉為宝」が原典。【解説】参照。

校異

百五十七頁　一行目、「朋友《ほういう》」←底本は「ほうゆう」、「御《おん》」←底本は「御《お》」、四行目「傷《きず》」←底本は「きづ」、六行目「忠信《ちゅうしん》」←底本は「忠信《ちゅうしん》」

解説

冒頭の「拙者朋友、この頃、金の出入りにて、昼夜心を苦しめ候ふ」という一節は、「心を苦しめ候ふ」という述語から推して、対応する主語を「拙者」と見るべきであろう。つまり、「拙者は、最近、朋友との金銭の貸し借りで、昼夜心を痛めております」と解する。おそらく、貸した金を朋友が返してくれないので困っているのだろう。「金を貸せば友を失う」ということわざがあるが、この侍は貸した金と友情の板ばさみで悩んでいる。これを信義と欲望との相克と表現すれば極端に響くが、世間によくある話である。

翁は貸した金の返済や友情の問題については触れず、「銭かねばかりを宝と思ひ、その宝に縛られて、命を縮むる人多し。命を縮むる宝ならば、宝なきこそましからめ」と答えた。翁は切実な願いである金の貸し借りの問題を富貴や金銭の問題の方へとそらしていく。虚白斎がこれを書くとき、『孟子』（第五巻・滕文公章句・上）の「為富不仁矣、為仁不富矣（富を為せば仁ならず、仁を為せば富まず）」ということばや、『徒然草』（三十八段）の「大きなる車、肥えたる馬、金玉の飾りも、心あらん人は、うたて愚かなりとぞ見るべき（大きな車、肥えた馬、金銀や宝石も、心ある人は、それを持つことは煩わしく愚かなことだと思うだろう）」という一節などが頭の中を去来していたことであろう。さらには、『老子』（道徳経・上篇・第九）にある「金玉滿堂、莫之能守。富貴而驕、自遺其咎（金銀や宝石が家中いっぱいにあれば、これを守りきることができない。財産と地位ができて傲り高ぶるようになると、自分から破滅を招くことになる）」という一節も考慮に入れたであろうことも付記しておく。虚白斎は富を持つこと自体を全面的に否定しているわけではないが、これまで見てきたとおり、質素倹約の立場に立って、知足と清貧を重んじる生き方を主張してきたので、これもその延長線上と見るのが正しいだろう。

次に、「性根玉」から始まり、「玉」という語が繰り返して用いられているが、その意味について考察してみよう。『礼記』（学記）にある「玉不琢不成器、人不学不知道（玉琢かざれば器とならず、人学ばざれば道を知らず）」は、「生まれつき優れた才能や素質を持っていても、学問や修養を積まなければ、それらを活かすことができない」という意味で用いられることわざのもとになったが、仮名草子『可笑記』にも「古き詞にも、玉磨かざればたからとならず、人学せざればあきらかならずといへり」と、同じ趣旨のものがある。「玉」という語は、宝玉・珠玉という物質的な宝物も意味するが、一方で、美しいものや大切なもの、さらには、生まれつき優れた才能などのたとえとしても用いられる。

最後の一節は、さまざまな出典からの寄せ集めであり、【注】に挙げたが、もう少し補足を試みたい。初めの一節「金玉を宝とせずして…」については、『金言童子教』に「金玉非実宝、以善人為宝（金玉は実の宝にあらず、善人を以て宝とす）」とあり、金銭・金玉は本当の財宝ではない。善行を為す人こそ国家社会にとって真の財宝というべきである、という意味で用いられている。だが、虚白斎は、これまで主張してきた流れに合わせて、『金言童子教』の「以善人為宝（善人を以て宝と為す）」を「以忠信為宝（忠信を以て宝と為す）」という表現に変えてしまった。「善人」を「忠信」と変えたのは、石門心学が最も重視する「忠孝」の重要性を強調したかったからであろう。

それに続く一節「爾は玉を以て宝と為。我は貪らずを以て宝と為」は、『春秋左氏伝』（襄公・十五年）からの引用であるが、「爾」と「我」の出て来る順序が逆になっていることを指摘しておきたい。原典は、「我以不貪為宝、爾以玉為宝（私は欲張らないことを宝としており、そなたは宝玉を宝としている）」とあるように「我」が先で「爾」が後になっている。この話は、宋の宰相・子罕が人から宝玉を献上されたとき、それを辞退する際に言ったものであるが、順序が後先になっても、言わんとするところは同じなので、それを問題にする必要はないであろう。ただ、原典の方が相手を非難する色合いが強いということは言えるだろう。なお、原典にはこの一節の後に「若以与我、皆喪宝也（もし、そなたが私に宝玉を受け取らせれば、二人とも宝を失うではないか）」ということばが添えられており、それぞれ二人にとって大切な宝である「以不貪為宝（貪らざるを以て宝と為す）」という「心」と、「以玉為宝（玉を以て宝と為す）」という「物」をなくすことになるので、それはよくないことだ、と締めくくられていることを付記しておきたい。

二十二　「その次は誰じや」

「①弟の義に付いて、御占ひ頼みたし」

翁の曰く、「②御舎弟が何とめされた」

「拙者弟、別家いたして七年余り、これまでたびたび世話いたし遣はせども、③とかく渡世に不精にて、④この際もまた不詰まり。その上、拙者が⑤異見を用いず。兄を兄とも思はぬ不所存、⑥義絶いたす心にて」と、みなまで聞かず、

「これ兄貴、君臣夫婦、朋友の間にこそ義絶といふ事もあれ、親子兄弟の中に義絶といふは何事じや」と然《さ》る学者が呵《しか》られた。⑦指がきたなきとて切つて捨つるか。⑧まづ、そこもとの心底に弟を我が弟と思ふ故、兄を兄と思はぬなどゝ、⑨痩《や》せ肘《ひぢ》を張りたがる。弟は何じや。親の⑩不便に思し召す子で無いか。後から出生したるか、先へ生まれたるか。後先の違ひはあれど、みな親の子にちがひは無い。我も親の子なり。弟も親の子なりと。親の所へ気を付けて、親の心で世話をせば、⑪世話も世話に成《な》るまじきぞ。さてまた世話にも仕様あらん。横町の何兵衛が三百目のかねに詰まりて、首釣つて死んだと聞けば、知

るも知らぬも残念がり、三百目位の事ならば、己《おれ》に言はいで、己が聞いたら死なせは⑫せまいにと言ひもし、思ひもすれど、⑬びち〱生きて居る内に、三百目なければ、今夜中に首縊《くく》つて死にますと、⑭血の涙でいふたりとも、⑮恥じしめたり、異見はせふつれ、銀子貸す人は稀《まれ》ならん。そこもとも御舎弟の世話召さるゝならば、必ず跡へんにならぬ様に、心を付けて世話めされ。たび〲世話をいたしたと言はるゝからは、世話の仕やうが吝《しわ》いと見えた。これ〱御腹立てられな。世の中は人の世話をするか、人の世話に成るか、二つにひとつのものじや。そこもとが⑯不如意なら、舎弟の方から世話をする。同じ事なら人の世話をするかたが増しなれども、みな左様に思はぬものじや。⑰旧臘《きうらふ》も然《さ》る家の主、なが〱の病に困窮し、朝夕の煙絶え間がちなるを見るに堪えず、米銭少々贈れる人あり。その病家の悦《よろこ》ぶ体《てい》、あたかも死人の蘇《よみがへ》りし如く、親子四人の命をつなぐ、これぞ⑱天の賜なりと、ありがた涙を流しての悦《よろこ》び、誠に天の賜なり。悦ぶ体、さも有るべし。またその施す人は天の賜にて常に安楽に暮らし、その賜の余りを以て、困窮なる人に施す。この悦びは如何ぞや。僅《わづ》か十日か二十日かの、命をつなぐ米銭を貰ひ、涙を流して有難がり、悦ぶ人にくらべては、百倍千倍悦ぶべきはずなれど、この所を知らざるは、かの所を知らざる故なり。知り給へ〱」

注

①弟の義…弟の道義。「義」は、五常（仁・義・礼・智・信）の一つで、他人に対して守るべき正しい道。なお、これを「弟の儀」の誤記とし、「弟の件・弟の事」と解することもできようか。
②御舎弟が何とめされた…弟さんがどうなされた。
③とかく渡世に不精にて…あれこれ世渡りすることを面倒がって。とかく仕事をすることを嫌がって。
④この際もまた不詰まり…この時期もまた不都合で。近頃また金に詰まって。
⑤異見…思うところを述べて、いさめること。忠告。説教。
⑥義絶…親族の縁を絶つこと。久離《きゅうり》・勘当《かんどう》がともに目上の者が目下の者との関係を断つものであったのに対して、義絶は同等の親族間において行われた。
⑦指がきたなきとて切つて捨つるか…「指汚しとて切られもせず」ということわざが原典。「指むさいとてきられもせず」と同義。【解説】参照。「捨てる」は、文法的には「捨つる」とするのが正しい。
⑧まづ…『近世庶民教育思想』（石門心学）では、この語が欠落している。翻刻上の見落とし。
⑨痩せ肘を張りたがる…「肩肘を張る」と同じ。肘を張り出して、いかにも威張った態度を取りたがる。力もないのに虚勢を張りたがる。
⑩不便に思し召す…かわいいとお思いになる。「不便」は、「かわいい・かわいそうだ」の意味で用いる場合、「不憫」「不愍」の字を用いることもある。「思し召す」は尊敬語。
⑪世話も世話に成るまじきぞ…（子どもの）世話をすることは、面倒なことではないだろうよ。
⑫せまいに…しないだろうに。「せ」はサ変動詞の未然形、「まい」は打消推量の助動詞連体形。

⑬びち〱…「ぴちぴち」に同じ。若々しく元気なさま。

⑭血の涙…怒りや悲しみのあまりあふれ出る涙。激しく泣き悲しむさまをいう語。「血涙」の訓読。

⑮恥じしめたり、異見はせふつれ…はずかしめたり、いさめたりはするだろうが。「恥じしむ」は、はずかしめる、侮辱するの意。

⑯不如意…経済的に苦しいこと。思い通りにならないこと。「意の如くならず」の訓読。

⑰旧臘…「臘」は陰暦十二月。（新年から見て）昨年の十二月も。

⑱天の賜…天から与えられたもの。神がくださったもの。

校異

百六十一頁　一行目「弟《おとうと》」↑底本は「弟《おとおと》」、「御《おん》」↑「御《お》」、三行目「世話《せわ》」↑底本は「世話《せは》」、四行目「用いず」↑底本は「用ひず」、六行目「朋友《ほういう》」↑底本は「朋友《ほうゆう》」、七行目「捨つる」↑底本は「捨てる」、八行目「故《ゆゑ》」↑底本は「故《ゆへ》」、九行目「無い」↑底本は「無ひ」、十一行目「横町《よこちやう》の何兵衛《なにびやうゑ》」↑底本は「よこてうのなにびやうへ」、百六十二頁　一行目「位《ぐらゐ》」↑底本は「ぐらい」、「言はいで」↑底本は「言はひで」、「聞いたら」↑底本は「聞ひたら」、五行目「見えた」↑底本は「見へた」、七行目「旧臘《きうらふ》」↑底本は「きうろう」、八行目「困窮《こんきゆう》」↑底本は「困窮《こんきう》」、「絶え間」↑底本は「絶へ間」、「堪えず」↑底本は「堪へず」、「少々《せうせう》」↑底本は「しやうしやう」

解説

冒頭近くに「君臣夫婦、朋友の間にこそ義絶といふ事もあれ、親子兄弟の中に義絶といふは何事じや」という翁のことばがあるが、近世において、夫婦・朋友の間で行われたのは、「離縁・絶縁」であり、「義絶」ではない。また、「義絶」は、親子兄弟の縁を切るときに使われることばなので、翁のこの言い回しは事実と一致せず、むしろ逆の使い方になっている。恐らく虚白斎の勘違いであろう。なお、この一節の中で「こそ~あれ」という表現が用いられているが、このくだりは「義絶と言うこともあるが…」と逆接でつながる表現であることを指摘しておく。

虚白斎は、『孟子』(第五巻・滕文公章句・上)の「父子有親、君臣有義、夫婦有別、長幼有叙、朋友有信(父子の間には親愛があり、君臣の間には道義があり、夫婦の間には男女の別があり、長幼の間には順序があり、朋友の間には信義がある)」という一節を思い浮かべて、この部分を書いたものと思われる。だが、本文の文脈は、翁がある武士の語った「義絶」ということばを重く見て、その考えを改めさせようという流れであるので、孟子の唱える仁義や道義の問題とは異なり、直接的な結び付きはないと見るべきであろう。

翁が語る「指がきたなきとて切つて捨つるか」は、「指汚しとて切られもせず」ということわざを踏まえたものだが、その意味は「身内に悪人がいても、簡単に追い出したり見捨てたりするわけにはいかない」というもので、文脈の流れに沿った比喩として効果を上げている。翁は、弟に悪い点があるからといって、兄弟の縁を切ることは間違いであると諭した。さらに「後から出生したるか、先へ生まれたるか。後先の違ひはあれど、みな親の子にはちがひは無い」と続けた。ここでは、親を軸とした孝の諭しが背後に感じられるが、兄弟の長幼の序については完全に無視されている。続く「親の心で世話をせば、世話も世話に成るまじきぞ」の「親の心」は、「子を思う親の心」と「親に孝を尽くす子の心」の二通りに解することができるが、文脈上は前者を取るべきであろう。

なお、「横町の何兵衛が三百目のかねに詰まりて、首釣つて死んだ」という挿話は、おそらく虚白斎の創作であろうが、人の世の冷たさ、人情のなさを表したものであり、商業経済が中心で、農民と一般町人を苦しめていた当時の世相の反映と見ることができよう。

梅岩は『都鄙問答』（或人主人行状の是非を問の段）で、

汝の親方は、先方の身上往《ゆき》かぬる筋道あれば貸《かし》、ゆくべき理あれば不貸《かさず》とは、親の子を思ふ心と何ぞ替《かはり》あらん。嗟《あゝ》世の中に十人に二三人程、加様なる人あらば、世に難儀する人少かるべし。我《わが》金銀と思はず我は此事を治る役人と思ふ志《こころざし》、世に稀なることなり。（中略）

孔子も急に周《あまね》くして富めるに継がず（『論語』・雍也篇）、との玉ふ。周く急にとは困窮の者の足らざる所を補助《をぎなひたすく》ることなり。富めるに継がずとは富んで余りある者には、つぎ足すには及ばずとの玉ふことなり

と述べた。

すなわち、その主旨は「あなたの親方が考える、相手が本当に困窮していれば金を貸し、そうでない者には貸さないという道理は、親が子を思う気持ちと同じだ。そういう考えの人が世の中に十人のうち二、三人でもいれば生活に困る人は少ないだろう。金銀を自分のものと思わずに、困窮する人々のために役立てようという役人のような気持ちを持っている人はまことに少ないものである。また、孔子も、生活が困窮して苦しんでいる人には援助することが大切だが、そうでなく豊かな人にさらに継ぎ足す必要はないとおっしゃった」というようなものである。

梅岩の『都鄙問答』でも堵庵の心学集でも、自分自身の心の修養については繰り返し強調されてきたが、他者に対

する献身やいたわりの心を持つことの大切さはあまり取り上げられていなかった。だが、梅岩は、困窮者の増加が秩序を乱す恐れがあるという社会的な観点からではあったが、生活困窮者などの社会的弱者を救済することの必要性は感じていたのである。

それに対して、虚白斎は社会的な観点というよりも人道的な立場から、

世の中は人の世話をするか、人の世話に成るか、二つにひとつのものじや。そこもとが不如意なら、舎弟の方から世話をする。同じ事なら人の世話をするかたが増しなれども、みな左様に思はぬものじや

と述べた。それは、人の世話になるよりも人の世話をする方がましであるが、世間の人たちはそう思っていないのだというものであった。虚白斎はそれに続けて、

然《さ》る家の主、なが〱の病に困窮し、朝夕の煙絶え間がちなるを見るに堪えず、米銭少々贈れる人あり。その病家の悦《よろこ》ぶ体《てい》、あたかも死人の蘇りし如く、親子四人の命をつなぐ、これぞ天の賜なり

と翁に語らせた。

この一節には、他者に対する自己犠牲と献身の大切さが感じられ、そこに虚白斎の精神の先進性を見ることができる。虚白斎がこう述べたのは、あるいは、「蔵余不分則民盗（余れるを蔵して分かたざれば則ち民はぬすむ）」（『晏子』・雑・上）や、講話四の【解説】でも取り上げた『荀子』（宥坐篇）の「為善者、天報之以福、為不善者、天報之以禍（善を為す者は、天之れに報ゆるに福を以てし、不善を為す者は、天之れに報ゆるに禍を以てす）」という考え方が頭の中にあったからであろう。なお、翁のことばの続きは「その施す人は天の賜にて常に安楽に暮らし、その賜

の余りを以て、困窮なる人に施す。この悦びは如何ぞや」であったが、そこでは困窮している人に施しをすること自体が自分自身の喜びであることが強調されている。他者の喜びは自分の喜びであるという虚白斎の高い精神性をここに見ることができるのである。

二十三「その次は誰じや」

「①夜前、朋友と②諍《いさか》ふ事あり。化け物は有る物か無い物か。御考へ給はるべし」

翁の曰く、「③聖人は④怪力乱神を語らず、小人は怪力乱神を聞きたがる。さらば化けもの話を始めん。昔々、長押に掛けた弓が蛇と化けて、客を悩ませし事もあり。腐つた茄子が蟇《ひき》に化けて、人にとり付きし話もあり。またここに、ある豪家何某の妻女、病に臥すこと半年余り。⑤労瘵《らうさい》といふ病にや。諸医手を尽くせども験《しるし》なく、元気次第に衰ふ。看病人多き中に、政といふ⑥こしもとあり。昼夜病婦の側を去らず。介抱また類ひなし。⑦飲食起臥二便の扶《たす》け、政なくては調はず。病婦⑧まさに死なんとき、その夫に向ひて曰く、『我、永々の病床、子とても及ぶまじき政が介抱、願はくは、⑨妾《せふ》が形見と思し召され、不便を加へ給はれかし』と言ひ置きて命終りぬ。かくありて三ケ日目より、⑩婢《こしもと》政、病に臥す。その症、先の病婦にほぼ似たり。医師はもちろん、諸寺諸山の祈願、残るかたなしといへども、[11]定業《ちやうごふ》にや、今は頼みずくなく見ゆ。政が父方の伯父あり。訪ひて曰く、「汝の養生身に余れり。治し難きは天命なり。有りがたく臨終せよ。もし望みあらば、言ひ置くべし」。政が曰く、「仰せの如く、有りがたき御介抱、何の不足有りてか望みあらん。さりながら、ただひとつ迷ひの解けざる事のあり。主人[12]身まかり給ひて後、三日目の夜、裏へ出でしに、先だち給ふ御主人、前栽に立ち給ひ、物憂げに我を招く。これを見るより身の毛立ち、震ひ付きしが病の本。明けの夜、また裏へ出づれば、また前の夜の如く我を招く。その後は夢とも覚えず。現《うつつ》ともなく、ただ幻に見え給ふ。その恐ろしさ堪えがたし。かく悩ませ給ふのは、何の恨み有るやらん。これのみ心にかかるなり」伯父問うて曰く、「その幽霊ものは[13]何とも言はざりしか」政が曰く、「ただ我をまねくのみ」また問ふ。「衣服は何を着給ひしぞ」曰く、「病中の寝まきのまま、籬《まがき》に菊のお小袖なり」伯父の曰く、「汝の病、本復せん。我がおしへに随ふべし。今宵また裏へ出でよ。なほ前のごとく幽霊在らば、身を捨てて側へ寄り、何の恨みにかく悩ませ給ふぞと問へ。もし[14]答へずば、我を呼べ。ともに行きて実否を正さん」政、教へにしたがひ、病苦を忍び裏へ出で、千栽を見れば、例のごとく⑮髪かつさばき、籬に菊の小袖着て、恨めしげに立ち給ふ。絶え入るばかりの怖さを忍び、思ひ切つて歩み寄り、よく〳〵見れば、幽霊ならず。この頃植ゑし山茶花なり。髪と見えしは後ろの柳、招くと見えしはここの枝。小袖の模様はこの枯れ枝。さては心の迷ひなりと、迷ひ晴れば心も晴れ、たちまち、病平癒して、今に存命なるよし聞く。これしきの化け物さへ、正体を見届けざれば、病癒《い》えず。さてまたここに、⑯筆の先で化かし、口のさきで化かす化け物あり。我等も化け物仲間なり。あるひは君子に化けて居る小人もあり。衣着て居る鬼もあり。長者に化けて居る⑰すかん貧《ぴん》もあり。この類また世に数多《あまた》なれども、正体見え透き恐るるに足らず。さてまた一種、正体の見えざる恐ろしき化け物あり。春は山々に花を咲かして見せたり、冬は水を氷にして見せたり、菜虫は蝶《てふ》に化けて花に戯れ、卵は鶏に化けて時を告ぐる。振り袖着た可愛らしき小娘が、いつの間にやら、腰の屈んだ歯抜け婆に化け、奇麗な若衆が夢の間に白髪の生えた親父に化け、今朝まで物をいふた化け物がたちまち無くなつて仕舞うたり、きのふまでなかつた物が何所からやらぬつと出て、声を上げたり、無量無辺の化け物だらけ。この化け物の正体見届けざれば、見る物、聞くものに化かされて、迷ひを重ぬ。⑱さあればとて、この正体、容易に見らるべき物にあらず。たまさかにはこの正体見届けたと思ふ人あり。これもまた化け物なり。見届けたと思ふ目が光る。誠にこの化け物の正体見抜かんと思はば、先づ自身を見抜くべし。この自身また見易からず。慰み半分の学問、鼻歌交じりの修行にては、なかなか正体どころでなし。足跡も見るべからず。昼夜間断なく心を尽くし、月を重ね年を重ねば、[19]豁然《くわつぜん》として貫通するに至らんか。孟子曰く、『[20]その心を尽くす者は、その性を知るなり。その性を知るときは、則《すなは》ち天を知るなり』」

注

①夜前…前日の夜。昨夜。この語は、記録体の文章や漢字仮名まじり文の中で使われ、『今昔物語集』に多く見られるが、他の和文や漢籍にはあまり見られない。

②諍う…言い争う。口論する。「いさかう」とも読む。

③聖人…儒教で理想とする尭・舜・孔子などの称。ここでは、孔子を指す。

④怪力乱神を語らず…（孔子は）怪力や乱神（怪しげな超常現象）については語らなかった。『論語』（述而・第七）の「子不語怪力乱神」を引用。

⑤労瘵…「労咳」に同じ。肺結核の漢方名。

⑥こしもと…貴人の側に使えて雑用をする侍女。「腰元・腰本」と書く。
⑦飲食起臥二便の扶け…飲食や起き伏しの手助け、大便と小便の世話などの日常生活の援助。
⑧まさに死なんとき…今にも死にそうなとき。「将死」の訓読。
⑨妾が形見…私の身代わり。「妾」は女性の自称の謙称。「形見」は死んだ人を思い出すよりどころとなるもの。遺品。遺児。
⑩婢…【注】⑥の「腰元」と同じ人物。召使いの女。下働きの女。
⑪定業…仏語。苦楽の果報を受けることが決定している業《ごう》。
⑫身まかり給ひて…お亡くなりになって。「身・罷る」で、亡くなる。
⑬何とも言はざりしか…何とも言わなかったか。『近世庶民教育思想』（石門心学）には「何とも言はざりしが」とあるが、底本は「〜か」と表記されている。文脈上も、疑問の終助詞「か」が正しく、逆接の接続助詞「が」は誤りである。
⑭答へずば…答えないならば。『近世庶民教育思想』（石門心学）には「答へざれば」とあるが、底本には「答へずば」とある。翻刻の誤りであり、文脈上も「答へずば」が正しい。
⑮髪かつさばき…意味不明。『近世庶民教育思想』（石門心学）には「髪うつさばき」とあるが、翻刻の誤りで「髪かつさばき」と読み、「髪を左右に分けて」の意と取るか。
⑯筆の先で化かし、口の先で化かす化け物…ものを書いて人をたぶらかし、口先三寸で人をだます人間をいう。
⑰すかん貧…「素寒貧」と書き、きわめて貧乏なこと。また、その人。
⑱さあればとて…だからといって。そうであるからといって。「さればとて」に同じ。先行の事柄を認めはするが、

後続の事柄がそれに応ずるものではないことを示す。
⑲豁然として…こころの迷いや疑惑がにわかに消えるさま。
⑳その心を尽くす者は、その性を知るなり。その性を知るときは、則ち天を知るなり…自己の本心を十分に発展させた人は、人間の本性をさとるだろう。人間の本性をさとれば、また天命をさとるのである。『孟子』（第十三・尽心章句・上）の「尽其心者、知其性也。知其性、則知天矣」が原典。【解説】参照。

校異

百六十八頁　一行目「朋友《ほういう》」↑底本は「朋友《ほうゆう》」、「無い」↑底本は「無ひ」、二行目「怪力乱神を」↑底本は「怪力乱神の」、四行目「労瘵《らうさい》」↑底本は「労瘵《ろうさい》」、六行目「介抱《かいはう》」↑底本は「かいほふ」、「起臥《きぐわ》」↑底本は「きぐは」、七行目「妾《せふ》」底本は「せう」、八行目「症《しやう》」↑「症《せう》」、百六十九頁　一行目「定業《ぢやうごふ》」↑底本は「じやうごう」、二行目「伯父《をぢ》」↑底本は「おぢ」、七行目「覚えず」↑底本は「覚へず」、「堪えがたし」↑底本は「堪へがたし」、八行目「問うて」↑底本は「問ふて」、「幽霊」↑底本は「ゆうれい」、百七十頁　一行目「絶え入る」↑底本は「絶へ入る」、二行目「植ゑし」↑底本は「植へし」、「見え」↑底本は「見へ」、三行目「枝《えだ》」↑底本は「枝《ゑだ》」、「枯《か》れ枝《え》」↑「枯《か》れ枝《ゑ》」、五行目「癒えず」↑底本は「愈へず」、十行目「生えた」↑「生ゑた」、十一行目「仕舞うたり」↑「仕舞ふたり」、百七十一頁　一行目「容易《ようい》」↑底本は「容易《やうい》」

解説

ある男が化け物の存在について尋ねたところ、翁は相手を見下したような調子で、「孔子のような聖人は化け物の存在など語ることはなかった。だが、器量のない小人物は化け物ばなしを聞きたがるものだ」と切り出して、長押に掛けた弓が蛇に化けた話や腐った茄子が蟇に化けた話などを語り始める。これらの話は人がしばしば錯覚に陥る中で勘違いするものの例なので、特別な深い意味は持っていない。しかし、それらの話は後に述べる「ある豪家何某の妻女」の話につなげる伏線の意味を持っている。「化け物の正体見たり枯れ尾花」や「幽霊の正体見たり枯れ尾花」などという川柳があるが、どちらも、幽霊だと思ったものがよく見たら枯れすすきであったということから、恐怖心があると、何でもないものまでが恐ろしいものに見えるし、また、怖かったものもその正体がわかると何でもないものになるということを意味している。

さて、「ある豪家何某の妻女」の話に入ろう。

ある金持ちの奥方が結核と思われる病気にかかった。多くの医師が手を尽くしても衰える一方だった。侍女の政は奥方に昼夜お仕えして看病を尽くした。奥方はそのことに深く感謝し臨終の床で、「政の介抱は実の子ども以上であった。私の形見と思って情けを掛けてください」と言い残して世を去った。

ところが、政はその三日後から、亡くなった奥方と同じような症状になった。瀕死の状態になった政を伯父が見舞いに来た。政は苦しい息の下で、「死ぬ前に迷いを解きたいのです。迷いというのは、亡くなった奥方が裏庭の植え込みの所に立って、物憂げに私を手招きするのです。私に何の恨みがあるのでしょうか」と語った。

そこで、伯父が「その幽霊は何か尋ねたか。また、どんな着物を着ていたか」と聞いたところ、政は「私を手招きしただけです。着物は病気の時に着ていた籬に菊の柄の寝間着です」と答えた。伯父は政に「そなたの病気は必ず治るから、私の言うとおりにしなさい」と話して、夜の裏庭に瀕死の政を引き出した。恐怖におののく政であったが、思い切って幽霊に近づいてみた。よくよく見れば、何とそれは幽霊ではなく最近植えた山茶花であった。髪の毛と見えたのは後ろの柳の枝であり、手招きすると見えたのは近くの木の枝であった。小袖の模様は枯れ枝の様子と同じであった。政は、亡き奥方が幽霊として現れたのではないとわかったので、心の迷いがすっかり晴れて、からだもたちまち元気になったのである。

まさに「化け物の正体見たり枯れ尾花」であり「幽霊の正体見たり枯れ尾花」であった。中国にも同じような話がある。あるいは、それがこれらの川柳のもとになったのかも知れないが、『夷堅三志』（姜七家猪）に「見怪不怪、其怪自壊（怪を見て怪しまざれば、その怪自ずから壊る）」とあり、「怪」の多くは心の中から生まれてくるものなので、一度は怪物だと思っても心に掛けなければ、その怪物は自然と消えてなくなるものだ、という意味であり、右に挙げた江戸の川柳と共通する内容になっている。

なお、化け物の存在の有無については、反俗精神に富み、虚妄を憎み真実を愛した、中国・後漢時代の思想家、王充が次のようなことを述べている。

世人のいわゆる鬼は、死者の霊魂ではなくして、みな吾人の思念、換言すれば神経作用のなすところである。神経が亢奮《こうふん》すると、あるいは耳にその声を聞き、目にその形を見るがごとき幻影を生ずるのである。別に鬼神が実在するのではない。あるいは病気して気が弱っているときなど、特にこの幻影を見るのである。（『論衡』第六節「迷信を駁《ばく》す」・第二款「鬼神について」）（講談社学術文庫・『中国思想』宇野哲人）

この説明だけでも化け物や亡霊などは存在しないものだということが明白であるが、別の観点からもう一つ補足しておきたい。瀕死の「政」が「迷いを解きたい」とか「何の恨みか知りたい」ということを語ったが、それは仏教の考え方と深く結びついている。講話十九・【注】③に挙げた考え方と同じく、迷いを持ったり恨みを抱えたりしていては、成仏の願いが叶えられないのである。死の近いことを悟った政は、伯父の言う「汝の養生身に余れり。治し難きは天命なり。有りがたく臨終せよ（そなたに対する看病は身に余るほどだ。病気が治りにくいのは天命だ。それを受け止めてありがたく往生しなさい）」ということばを素直に受け止め、「仰せの如く、有りがたき御介抱、何の不足有りてか望みあらん。さりながら、ただひとつ迷ひの解けざる事のあり（おっしゃるように、めったにないほどありがたいご看病、何の不足がありましょうか。ですが、たった一つだけ迷いの解けない悩みがあります）」と答えた。その時の政は、極楽で往生することだけが望みであったので、そうした発言が出たということである。

そこで翁は話題を転じて、前述のような「化け物」ではなく、比喩的な意味での二種類の「化け物」の存在に話題を移す。まず、その一つは、次のような「化け物」である。

筆の先で化かし、口のさきで化かす化け物あり。我等も化け物仲間なり。あるひは君子に化けて居る小人もあり。衣着て居る鬼もあり。長者に化けて居るすかん貧もあり（ものを書いて人をたぶらかし、口先三寸で人をだます化け物もいる。その点では我々も化け物の仲間である。あるいは、徳が高い人物のふりをしている小人物もいる。法衣をまとった鬼もいる。長者に化けている貧乏人もいる）。

これらはすべて人間がその実態を隠して、よりよく見せようとした姿であり、うわべを飾ったり取り繕ったりした姿である。その意味では、「化け物」というよりも「化けた者」という方がふさわしいだろう。ただ、ここで示された人間像は世間に多く見受けられるもので、翁の言うとおり「正体見え透き恐るるに足らず」である。ただ、虚白斎が自分たちのように著述に関わったり、人々に講話をしたりする人間を「化け物」と表現した点が面白い。一種の自嘲であろうか、謙遜であろうか。それはともかくとして、ここでいう「化け物」とは、人間の誰しもが持つ「よりよく見せたい」「よりよく思われたい」という感情、言い換えれば、ある種の欲を持った存在である人間一般を表したものと見てよいだろう。

そして、話題は、次の「化け物」に移っていく。それは千変万化する種々の「正体の見えざる恐ろしき化け物」である。翁はまず、「春は山々に花を咲かし」、「冬は水を氷にし」という季節の移り変わりから話を始め、「菜虫は蝶に化け」、「卵は鶏に化け」というように、時の流れの中で生き物が姿を変えていくことを述べた。さらには、それを押し進めて、「可愛らしき小娘が…歯抜け婆に化け」、「奇麗な若衆が…白髪の生えた親父に化け」というように、季節の変化から年月の経過にまで話題を広げていった。そして、その果てには「今朝まで物をいふた化け物」が死に、一方で「きのふまでなかつた物が…ぬつと出て」誕生の声を上げたという、人間の生死の問題にまで踏み込んだ。

翁はこうした事象を「無量無辺の化け物」と呼んだが、仏教でいう輪廻転生のことを頭に置いて語ったのであろう。翁は「この正体、容易に見らるべき物にあらず…誠にこの化け物の正体見抜かんと思はば、先づ自身を見抜くべし。この自身また見易からず…昼夜間断なく心を尽くし、月を重ね年を重ねば、豁然として貫通するに至らんか」とも語った。

すなわち、この「化け物」の正体とは、一面では、天の法則、天の摂理を指すが、翁が伝えようとしていることは、自分自身を知るために昼夜間断なく心を尽くして、わが身の修養をはかれということである。翁は、容易なことでは、自分の心の中にあるさまざまな「人欲」を克服することはできないと諭しつつ、最後に「その心を尽くす者は、その性を知るなり。その性を知るときは、即ち天を知るなり」と、『孟子』の一節を以て講話を結んだ。それは、『孟子』（第十三・尽心章句・上）にある「尽其心者、知其性也。知其性、則知天矣」をそのまま引用したものである。ここでの中心点は、人間にもともと備わっている善良な心をさらに磨きなさい、そうすれば天命を悟ることができるというものである。

なお、この結びの一句は、講話二十三の結びであるばかりでなく、『売卜先生糠俵』という作品全体の結びともなっている。全体を通して、これが最も哲学的な講話であったと言うことができるだろう。

跋

①至れるかな、売卜先生の言　②近うして、最も卑俗の風諭に長ぜり。これ所謂《いはゆる》③その善旨遠きものか。翁卜を鬻《ひさ》ぐは、その行いやしけれども、④人を以て言を廃《す》てざるは、⑤先哲のいましめ。⑥釈氏《せきし》も⑦依法《えはふ》不《ふ》依人《えにん》とかや説けり。われその人を知らずといへども、つら〱思ふに、卜翁の学、⑧精一の⑨杵臼《きよきう》を経るものにあらずは、いかでこの糠を掃き集むる事を得ん。世の人この俵をひらきて、小袋に入れ、持ち去つて、朝夕身心の垢《あか》を洗ひきよめかしと、⑩たのまぬ世話をさし出の神の御託宣、守るべし〱。

⑪堵庵

安永六年酉六月

二条通り麸屋町東口入町
山本　長兵衛
所　京都　書林　新町高辻上ル岩戸山町
海老屋　弥兵衛

注

①至れるかな…隅々まで行き届いていることよ。最高の出来映えであるよ。
②近うして…身近で。卑近で。「近くして」がウ音便化したもの。
③その善旨遠きものか…その道徳にかなった正しい主旨は遠いものではなく身近なものである。
④人を以て言を廃てざる…ふだんの行いがよくないからといって、その者の善言まで無視するようなことはしない。『論語』（衛霊公・第十五）の「君子不以言挙人、不以人廃言」が原典。
⑤先哲のいましめ…「先哲」は、昔の賢者。ここでは孔子を指す。
⑥釈氏…釈尊。釈迦。
⑦依法不依人…仏の説いた経文を用い、人師・論師のことばを用いてはならない。人や人のことばに左右されること

なく、あくまでも仏法を第一に考えなければならないということ。日蓮の『立正安国論』にも「法に依って人に依らざれ」とある。原典は、釈尊の遺言、「法によって人によらざれ」という仏教用語。釈尊が最後に残した涅槃経にある。

⑧精一…心が純粋で一途なこと。誠実で純一なこと。

⑨杵臼を経る…ここでは、長く研さんを重ね学問の修行をしたことを比喩的にいう。「杵と臼」は、密接な関係を言う。魚と水の関係と同様。

⑩たのまぬ世話をさし出の神のご託宣…頼まれもしないのに差し出がましくもくどくど述べたことよ。

⑪堵庵…手島堵庵。虚白斎の師。江戸中期の心学者。京都の商人。名は信。通称、近江屋嘉左右衛門。石門心学の始祖、石田梅岩に学び、時習社・明倫舎などを設立して心学の普及に努めた。

校異

百七十九頁　一行目「近うして」←底本は「近ふして」、二行目「依《え》法《はふ》不《ふ》依《え》人《にん》」←底本は「依《ゑ》法《はう》不《ふ》依《ゑ》人《にん》」、四行目「得《え》ん」←底本は「得《ゑ》ん」

解説

跋文は、虚白斎本人ではなく、その師の手島堵庵が書いたものである。堵庵は冒頭に「至れるかな」と記した。『売卜先生糠俵』の出来映えを讃えたことばだが、おそらく『荘子』（内篇・斉物論篇・第二）の「其知有所至矣（その知至る所あり）」を踏まえたものであろう。それについては、前後の原文を示すことで根拠を明らかにしたい。「古之人、其知有所至矣。悪乎至、有以為未始有物者。至矣、尽矣、不可以加矣（昔の人は、その英知が到達した場所があった。どこに到達したかといえば、まだ何物も存在しないところであった。そこは至高であり、完璧であり、それ以上に加えるべきものはない）」という一節だが、その中には「至矣（至れり）」という「至れる哉」と類似の表現があるばかりでなく、「有以為未始有物者（以て未だ始めより物あらずと為す者あり）」ともある。これは、虚白斎が冒頭に記した「無何有の郷」（『荘子』逍遙遊篇・第一）と同趣旨の内容であるので、堵庵が『荘子』を頭に置いて、「跋」を書いたことは間違いないだろう。

堵庵は「われその人を知らず」と書いたが、「その人」が釈氏を指すか虚白斎を指すかは、見解の分かれるところであろうが、堵庵が釈迦について知らないということはあり得ないので、「その人」は虚白斎と見る。また、堵庵が自分の弟子、虚白斎のことを知らないはずはないし、「跋」を書くはずもない。ここで、そう記したのは、「卜翁の学、精一の杵臼を経るものにあらずは、いかでこの糠を掃き集むる事を得ん（売卜翁の学識は深く、もしも、長きにわたって修行したのでなければ、どうしてこれほど多くの細々とした内容を集めることができただろうか）」という讃辞を贈るためであったと考えればよいだろう。

堵庵の言う「翁卜を鬻ぐは、その行いやしけれど」は、もちろん虚白斎の「序」の「売卜先生といふ。終日舌を耕せども」という一節と対応させたものである。堵庵は、「序」と「跋」とを対応させながら、『売卜先生糠俵』の価値を述べ、さらには、「世の人この俵をひらきて、小袋に入れ、持ち去つて、朝夕身心の垢を洗ひきよめかし（世間の人々は、この書物を小袋に入れて携帯し、朝晩それをひもとくことによって、心に付いた汚れを洗い清めよ）」と述べ、世の人々にこの書を読むことを勧めている。

すなわち、「跋」は『売卜先生糠俵』の推薦文なのである。

『売卜先生糠俵　全』小論

一　作品の背景

時代的な背景

この作品の時代的な背景を述べる前に、江戸時代中期、約百年間の社会情勢や政治情勢を概観しておく。

十七世紀後半になると、これまでの武力によって専制的に行う武断政治に対して、儒教道徳や老荘思想に基づく文治政治[1]が展開されるようになった。町人が目覚ましく台頭してきた元禄時代は、社会体制としての鎖国制度がすでに固まったため、中国やオランダを除く外国からの影響が著しく低下した。なお、儒学をはじめとする学問の分野では、幕府や諸藩の保護育成政策に負うところが多かったが、町人たちが自らの文化を生み出そうとする動きも活発になり、日本独自の文化が成熟するようになった。元禄文化の特色として、町人たちには、社会の安定からくる現実主義的な傾向と、浮世を謳歌する自由な人間性追求の動きなどが見られるが、武家の間では、儒学とくに朱子学[2]が幕府の保護を受けた封建教学として学習され、それが深く根付くようになっていった。

朱子学は、封建体制と身分社会を合理化する学問として、幕府や諸藩に積極的に取り入れられた。とくに、身分や立場によって必ず守るべき本分として、名分論[3]に基づく君臣・父子の関係を縦の構造として重んじる道徳の学説が徳川封建体制を維持する理論的支柱となった。

しかし、その一方、幕府財政は逼迫し将軍の権威も揺らぐような状態になってしまった。その上、農村の動揺や武士の窮乏も目立つようになってきた。そこで、この幕藩体制の危機を乗り越えようとして企てられたのが、八代将軍・吉宗による「享保の改革」であった。そのねらいは将軍の権威を強化して、確固たる封建的な官僚体制を作り上げようとするところにあった。吉宗は、法令・制度を整備するとともに、高まりつつあった商業資本を幕府の権力のもとに統制しようとしたのである。そのため、「諸事権現様（家康）御定めの通り」という復古的な理念を打ち出し、側用人制度を廃止して、将軍による独裁政治を行った。この改革は、幕府の財政難や武士の困窮化の克服を急務としたので、まず倹約令を出し、引き続いて[4]上米の制、[5]足高の制などを実施した。こうした応急処置に加えて、新田開発・商品作物の奨励・税制の改革など、積極的な収入増加をはかる政策が推進された。さらに、もう一つの大きな特徴となるものとして、法制度の整備があった。吉宗は、これまで訴訟における[6]成文法がなく、[7]慣習法に頼っていたことに着眼し、[8]評定所に「[9]公事方御定書を作成し、行政や裁判の基準とさせた。これは官僚支配体制の整備を示すものとして注目される。

このような改革事業は、吉宗の強引ともいえる意欲的な推進によって幕府の権威の回復と財政の立て直しという点では一定の成果を上げることができた。しかし、厳しい統制を受けた農民や町人たちの不満は根強く残った。そうした不満は、次の田沼時代に入って一気に表面化することとなった。

吉宗のあとを継いだ九代将軍・家重はことばもはっきり話せず、酒色に溺れる不肖の子で、続く十代将軍・家治もまた無気力な将軍であった。ここに登場したのが、家重の小姓から身を起こし、[10]側用人から[11]老中に出世した田沼意次であった。彼はきわめて現実的な政治家で、高遠な思想はなかったが、幕府の財政を救うには、吉宗の打ち出した殖産興業・商業資本利用の政策をさらに推進することが得策と考え、新田開発に加えていくつかの干拓事業や開発に乗り出した。さらに、田沼は銀・銅・鉄・真鍮などの[12]座を設けて専売制を行ったり、石灰・硫黄・油などは特定の商人に専売権を与えて、[13]冥加金や[14]運上の徴収をはかるなどした。

このような田沼意次の政策は、これまで商人たちの手にあった富を幕府に集中させようとする営利的な性格を持つと同時に、役人たちの不正行為を生み出す危険性をはらんでいた。しかも、田沼自身が公然と賄賂を受け取っていたので、政治の腐敗は広く蔓延するものとなった。それに伴って、社会の風俗が退廃的になり人々の道徳観も地に落ち、世相は混乱をきわめるという状態になった。それに追い打ちを掛けたのが相次ぐ天変地異であった。とくに、一七八三年に始まる[15]天明の飢饉で農民の生活がさらに悪化するようになり、各地で[16]百姓一揆や[17]打ち壊しが頻発するようになった。こうした状況下で、将軍家治の死去とともに田沼意次は失脚した。

その後に、松平定信が老中首座として幕閣に登場し、[18]「寛政の改革」に取り組んだ。彼の目標は、八代将軍・吉宗の施政を模範として幕府政治の再建を実現しようというものであった。まず、田沼時代の新規事業の廃止や賄賂の禁止を行い、乱れた綱紀の粛正をはかり、自分の信頼できる人々を幕府の要職に登用した。この改革では、農村の復興が重点施策として進められた。幕府は、農村人口の維持を重視したので、農民の出稼ぎを制限したばかりでなく帰村の旅費も支給した。もう一つの重点施策は、幕府や武士の財政難を救うための[19]倹約令と[20]棄捐令であった。倹約令の施行で、莫大な浪費をしていた大奥の経費を三分の二に減らし、皇室の経費も節約させた。幕府は、士農工商のすべての人々に倹約を求めるとともに、華美や贅沢な風俗も徹底的に取り締まった。また、[21]旗本や[22]御家人の生活難を改善するために、棄捐令によって[23]札差しに貸し金を放棄させた。なお、武士に対しては、武術や学問を奨励し、士風の刷新をはかろうとした。

こうした定信の施政は、一時的には幕政を引き締める効果があったものの、各方面から反発がわき起こった。民衆は、「世の中に蚊ほどうるさきものはなしぶんぶといふて夜もねられず（蚊のぶんぶという羽音と、文武両道を奨励した松平定信の政策を掛けている）」や「白河の清きに魚のすみかねてもとの濁りの田沼こひしき（講話五【解説】参照）」というような落首によって、統制的な息苦しい政治に強い不満を表明した。また、大奥の女中たちは、たびたび定信と衝突して、十一代将軍・家斉を動かして定信を退陣に追い込んだ。

注

①文治政治…四代将軍・徳川家綱の代に始まる新しい政治方針。それまでの武断主義に対して、法律・制度の充実や儒学を中心とした教育に基づく文治主義を基本とした政治をいう。

②朱子学…中国、南宋の朱熹が大成した新しい儒学。理気説を基本に、人の本性は理であり善であるが、気質の清濁により、聖と凡の別があるとし、敬を忘れず行を慎んで外界の事物の理を究めて知を磨き、人格・学問を完成する実践道徳を唱えた。日本では、江戸幕府から官学として保護された。朱学。宋学。

③名分論…中国哲学で、名称と分限の一致を求める伝統的な思想のこと。名称は物の階級的秩序を反映しているので、名称を正すことによって階級的秩序を固定化するものであった。

④上米の制…江戸時代、幕府の財政的な窮乏を救うための政策。享保七~十六(一七二二~三一)年に実施。幕府が各大名に石高一万石について百石ずつの米を上納させ、代わりに、諸大名が参勤交代で江戸に在住する期間を半年に短縮した。

⑤足高の制…幕府の経費削減と人材の登用をはかるための政策。享保八(一七二三)年に実施した。旗本などが幕府の役職に就いた場合、その在任中だけ約束の標準禄高に不足する禄高を加給し、辞職すればもとの禄高に戻すことにしたもの。

⑥成文法…一定の手続きに従って制定され、文書の形式で示されている法。

⑦慣習法…慣習に基づいて社会通念として成立する法。立法機関の制定によるものではなくても、法としての効力を認められている慣習。

⑧評定所…江戸幕府が置いた最高の裁判機関。老中・大目付・目付・三奉行などが事件の重要度に従って列席し合議

した所。

⑨公事方御定書…江戸幕府の法典。二巻。八代将軍・吉宗の命で編纂を始め、寛保二（一七四二）年に完成。上巻は法令八一条、下巻は俗に「御定書百箇条」と呼ばれ、凡例・取り決めなど一〇三条を収める。

⑩側用人…江戸幕府の職名。将軍に近侍し、将軍の命令を老中に伝え、老中の上申その他を将軍に取り次いだりした。評定所にも列席する譜代大名で、老中の次に位置した。

⑪老中…江戸幕府の最高の職名。将軍に直属して政務一般を総理した。ふつう三万石以上の譜代大名の中から四、五名が選ばれ、月番制で政務の責任者となり実務を行った。執政。閣老。

⑫座…江戸時代、幕府によって設置され、貨幣や度量衡などの特定の免許品を製造した機関。田沼政権では、幕府直営による専売制を行うことによって利益を上げることを主眼とした。年貢米収入だけに頼らない重商的な政策の一つと考えられている。

⑬冥加金…江戸時代の雑税の一つ。商工業者などが営業免許や利権を得た代償として、利益の一部を幕府または領主に納めたもの。

⑭運上…江戸時代の雑税の一つ。商・工・漁・鉱・運送などの営業者に賦課したもの。

⑮天明の飢饉…天明二〜七（一七八二〜八七）年にかけての奥羽・関東地方を中心とした大飢饉。冷害や浅間山の噴火などで大凶作になり、疫病の流行もあって、餓死者・病死者は全国で九十万人を超えた。その後、各地で一揆・打ち壊しが発生した。

⑯百姓一揆…江戸時代の農民が領主・代官の悪政や過重な年貢に対して集団で反抗した運動。強訴《ごうそ》・越訴《おっそ》・逃散《ちょうさん》・打ち壊しなど種々の形態を取った。

⑰打ち壊し…江戸中期以降、凶作や買い占めなどで生活難に陥った民衆が集団で、米屋・高利貸し・酒屋などの富商を襲って家屋などを破壊し、米や金銭などを奪ったこと。

⑱寛政の改革…老中、松平定信が天明七（一七八七）年から寛政五（一七九三）年にかけて行った幕政の改革。倹約令・棄捐令・七分金積立・人返し・人足寄場・異学の禁などの諸政策で、田沼時代に深まった幕藩体制の危機を乗り切ろうとしたものだが、それらの政策によって景気が沈滞し、町人たちの不満を買うこととなった。

⑲倹約令…幕府が公布した倹約を強制する法令で、財政の緊縮をはじめ、日常生活における分相応の節約生活を命じたもの。江戸期には何度か公布された。

⑳棄捐令…「寛政の改革」の一つで、寛政元年に松平定信が発した法令。旗本や御家人たちが札差しなどの金融機関から借用した金銭の返済を免除するものであった。

㉑旗本…江戸時代、将軍直属の家臣の内、知行高が一万石未満の直参で、御目見《おめみえ》以上の格式のあった武士。

㉒御家人…江戸時代、将軍直属の家臣で、御目見以下の武士。

㉓札差し…江戸時代、蔵米取りの旗本・御家人に対して、蔵米の受け取りや売却を代行して手数料を得ることを業とした商人。取次業の外に、その蔵米を担保にして金融業を行い巨富を貯えた。名の起こりは、蔵米受取人の名を記入した札を蔵役所のわらづとに差したことによる。

石門心学の流れ

石門心学という生活哲学は、元禄時代の貨幣経済の発展と商業資本の流通によって、町人の社会的な地位が向上したことを背景として、①石田梅岩が創始した町人と下級武士のための実践的な哲学であり行動指針であった。それは、儒教を基本としたが、老荘思想も含まれ、さらには、仏教や神道の思想も加わったものであった。その教えは、徳川封建体制の下で生きる庶民として、いかにあるべきかを考えさせ、それに則って行動させるものであった。京・大坂や江戸の商人たちは、経済的には確固たる地位を占めるようになったが、江戸幕府による儒教思想の浸透に伴いその道徳的規範を失いかけていた。農民が食糧の生産をし、工人が建築物を造り上げるという社会の基盤となる活動に従事していたのに対して、(2)商人は、何も生産せず、売り買いをするだけで、労せずして富を得る存在であると蔑視されていた。

しかし、石田梅岩は、幕府の基盤を確固たるものにするためには、町人の力が必要であると考え、商人の営利活動を積極的に認めたのであった。梅岩は勤勉と倹約を奨励しつつも、商人は、

(3)天下の財宝を通用して、万民の心をやすむるなれば、天地四時流行し、万物養はる、と同《おなじ》く相合《あひかなは》ん。如此《かくのごとく》して富《とみ》山の如くに至るとも、欲心とはいふべからず。（中略）福を得て万民の心を安んずるなれば、天下の百姓《おほんたから》といふものにて、常に天下太平を祈るに同じ、（石田梅岩(4)『都鄙問答』「商人の道を問の段」）

と述べ、商人が利益を上げることは、恥じることではなく誇るべき大切な道であると説いたのである。彼のこうした考え方は、上方の町人たちにすぐさま受け入れられ、江戸へ広がるとともに全国に普及していった。彼は、士農工商という身分制度を現実に存在する社会秩序として肯定し、それを人間の上下の階級を示すものではなく、単なる職業区分としてとらえるという思想を持っていた。また、同著『都鄙問答』の「或学者商人の学問を譏の段」では、「孔子孟子といへども禄を受《うけ》ざるは、礼にあらずとの玉《たま》ふ。如何《いかが》ぞ有べき」という質問に答える形で、

⑤売利を得るは商人の道なり。元銀《もと》に売《うる》を道といふことを聞《きか》ず。売利を欲と云て道にあらずといはゞ、先孔子の子貢《しこう》を何とて御弟子にはなされ候や。子貢は孔子の道を以て売買の上に用ひられたり。⑥子貢も売買の利無くは富ること有るべからず。商人の売利は士の碌と同じ。売利なくは士の碌無くして事《つかふる》が如し

と述べ、商人が手にする利益を武士が受ける俸禄と同じように正当なものと認め、商人蔑視の風潮を否定したのである。彼が「四民平等」という思想を持っていたわけではないが、結果として、これは士農工商という厳格な身分制度に一つの風穴をあける考え方であったと見ることができよう。梅岩は、延享元（一七四四）年に、思想の中核である「倹約」を説いた『斉家論』を出版するが、その直後に亡くなった。なお、梅岩自身は生前に一度も「心学」ということばは用いていない。

梅岩の亡き後、石門心学の中心となったのは⑦手島堵庵である。梅岩が理論的な真理を求める求道者的な存在とするならば、堵庵は庶民を教え導く指導者的な存在であったといえよう。梅岩の教えは、難解な体系的教理に基づくものであったので、優秀な弟子や賛同者からは熱烈に迎えられたものの、一般の庶民への広がりは限定的であった。そして、その普及範囲も京都を中心とする周辺の地域にとどまるものであった。

だが、その継承者の堵庵は、梅岩が「性」と名付けたものを「本心」ということばを用いて、教学の本旨を平易化することによって、道徳的な規範を内面化し、庶民にその実行を強く促そうとした。それによって、心学は大衆化し、全国に広がりを見せるようになり、道徳的な実践活動の主流となったのである。

一方、心学が大衆化していく中で、梅岩が意図した社会組織の原理を批判するような視点が失われ、処世上の一般的な心得を説くものに堕していったという批判もある。

例えば、手島堵庵の『前訓』には、その実態がよく現れている。その題名の部に、京都弘所書林山本長兵衛、小川新兵衛、并に海老屋弥兵衛の三名義で、

前訓と申ハ、御男子七歳より十五歳迄、御女子七歳より十二歳迄、右の年に相応の御おしへを手島先生御講釈にて、幼稚様方御行作よろしく相成候ため御教ニ御座候間、御小児様方御遠慮なく御遣し可被遊候

と記されている。内容は、子どものための「口教」が四つ、「女子口教」が五つ、それに「付録」が六つ添えられている。そのすべてが具体的でわかりやすい日常生活のあり方を述べた教訓である。また、『座談随筆』では、田舎人が仏教と心学の関係や、儒教と禅学のつながりなどについて尋ねるが、それに東郭子（堵庵）が答えるという形式で話が進められる。その説明内容は庶民向けのわかりやすいものであり、理論的な掘り下げはほとんどないが、日常的で身近なものを感じさせてくれる。『知心弁疑』は、前の二者と比較すると、やや理論的ではあるものの、処世上の一般的な心得という枠を抜け出たものではなかった。梅岩の主張した「性」と、自分の唱える「本心」との類似性や同一性を述べたものでしかなく、原理的で体系的な理論とはいえなかった。

しかし、梅岩の唱えた思想の哲学的な面は薄れたものの、その分だけ平易になり大衆的になったので、堵庵の心学の教えは、広く庶民に受け入れられるようになったのである。なお、大衆化のもう一つの背景として、都市部を中心として寺子屋教育が定着するようになり、教育の必要性が庶民の間に広がったことも挙げることができよう。

注

①石田梅岩…石門心学の創始者。貞享二（一六八五）年、丹波の国桑田郡東懸村《とうげむら》に生まれた。没年は、延享元（一七四四）年。「梅岩」は号で、本名は興永、通称は勘平。次男であったため、京都に出て上京《かみぎょう》の呉服商、黒柳家に二〇年間ほど奉公したが、その間に市井の隠者、小栗了雲と出会い思想を深めていった。正式な学問を修めたわけではないが、奉公の経験と了雲との出会いが、経済と道徳の融合という独特の思想を生み出す基礎となった。

梅岩は、享保十四（一七二九）年、車屋町通り御池上る東側の自宅で講義を開始した。彼は聴講料を一切取らず、また、紹介者も必要としない、誰でも自由に聴講できる形式をとった。また、講義とは別に、毎月三回、月次会《つきなみかい》と呼ばれる研究会を開いて多くの門弟たちを育てた。その月次会での問答を整理したのが『都鄙問答』である。田舎から京都に出てきた者の質問に答えるという形式がとられており、彼の思想や教学の基本的な理念が記されている。

②商人は、何も生産せず、売り買いをするだけで、労せずして富を得る存在…同時代の儒者、荻生徂徠は『政談』で、「総ジテ商人ハ利倍ヲ以テ渡世トスル者故、当時ノ有様ニテモ、一夜検校ニモナリ、亦一日ノ内ニ潰レモスル者ニテ、是元来不定ナル渡世ヲスル者故ナリ（概して、商人という者は、利益が利益を生んで資本を増やすことによって世渡りをする者であるので、現在の様子でも、一夜にして大金持ちになったり、また、一日の内で潰れたりもする者であって、これはもともと不確かな世渡りをする者だからである）」と述べている。

③天下の財宝を通用して…石田梅岩の思想の中核を成す見解の一つ。（商人の道は）世間の人々が持つ財産を流通させて、すべての人々の心を安らかにさせることなので、（富が）世の中全体に一年中広がり、（天地の恵みで）万物が養われるのと同じく理にかなうものであろう。このようにして富が（商人のもとに）山のように集まっても、それを欲心というべきではない。（中略）利益を得て万民の心を安心させることなので、（商人は）天下に役立つ人々

というものであって、常に天下太平を祈る人々と同じである

④都鄙問答…江戸中期の心学書。四巻。石田梅岩著。元文四（一七三九）年刊。石門心学の思想を平易な問答形式で述べたもの。梅岩は町人のために無料の心学講義を行ったが、本書はそこにおける門人たちとの問答をもとにして編まれた。儒教を基本とし、そこに道教・仏教あるいは神道も加え、自己の町人としての経験も取り入れてまとめられた。幕藩体制下にあって、商人たちのあるべき姿について説いたものである。

⑤売利を得るは商人の道なり…商品を売買して利益を得るのは商人としての道である。梅岩は、「原価で商品を売るのが商人の道だ、などとは聞いたことがない」とも述べている。

⑥子貢は孔子の道を以て売買の上に用ひられたり…『論語』（子罕第九）の「子貢曰『有美玉於斯、韞匵而蔵諸、求善賈而沽諸』子曰『沽之哉、沽之哉。我待賈者也』（子貢がお尋ねした。「ここに美しい玉があるとしましょう、それを箱に入れて倉庫にしまいましょうか。それとも、よい買い手を求めて売りましょうか」と。そこで、孔子はこうお答えになった。「売ろう。売ろう。私は買い手を待っている者である」と）」を指すか。あるいは、『論語』（先進第十一）にある孔子が弟子の性格を分析した「賜不受命而貨殖焉（子貢君は、富貴は天運にあるというのに、その天命を待ち受けず、自力で増やす）」を指すか。

⑦手島堵庵…江戸時代中期の心学者。享保三（一七一八）年、京都に生まれた。没年は、天明六（一七八六）年。本名は信、通称は近江屋嘉左右衛門。豪商・上河蓋岳の子で、母は上河氏。子に上河和庵がいる。十八歳の時、石田梅岩に師事し、時習社・明倫社などを設立して心学の普及に努めた。著書に『前訓』・『座談随筆』・『知心弁疑』・『会友大旨』・『朝倉新話』などがある。

二　作品の教訓性

孝のあり方

儒教研究の専門家、とくに孝道研究の第一人者、加地伸行氏は、『孝経・全訳注』（講談社学術文庫）の「序」で、孝道の意義について、次のように述べている。

仰げば尊し我が師の恩――小学校唱歌の一節である。かつては卒業式の最後に、卒業生が涙とともに歌ったものである。

この唱歌の中に、「身を立て名を揚げ、やよ励めよ」とある。このことば、多くの人はこう理解している。すなわち立身出世を勧めていることば、と。

それは誤解である。「身を立て名を揚ぐ」とは、『孝経』の中のことばで、その意味は、「身を立てようと思えば、まず孝道をしっかりと行い、さらには世の道徳を大切にと実践していると、しぜんと世間の評判となって名を揚げることになる。その結果、そのような人物を育てた両親の名誉となる」ということなのである。

そのように、立身揚名とは、修養を積んで人格を高め、道徳的に生きる人間になるということであって、断じて金儲けや高い地位を求めて狂奔する、いわゆる立身出世ではない。

私は、加地氏の言う「立身揚名」ということばの意味をあらためて思い起こしながら、孝道というものについて考えてみたいと思う。「孝の勧め」の歴史は古く、中国を含めれば二千年以上も遡ることができる。だが、各時代・各地域において、その大切さが繰り返して説かれてきたにもかかわらず、いまだに広く実践されているとは言いがたい。むしろ、いっそう置き去りにされているという感がしてならない。「孝」は父母への愛であるが、その愛の心を他に及ぼせば、人の道たる「仁」にも、道義の道たる「義」にも、あるいは、正しい行いの道たる「礼」などにもつながる根本に位置するものだと言っていいだろう。

昨今、世の中にあふれる拝金主義とそこから生じる腐敗と堕落、さらには退廃文化の状況などが繰り返し報じられている。現代は「金が金を儲ける」時代で、金持ちはますます金持ちになり、貧乏人はいっそう貧しくなっていく。世の中の社会的・経済的な格差は以前にも増して開いてきているのが実情である。人々の心はすさみ、将来に希望が持てないような状況にあると各所で指摘されている。親殺しや子殺しの犯罪もたびたび報道されている。人々の道徳観は、地に落ちつつあるといっても差し支えないだろう。

孟子は、一定の職業や財産を持たない者は、人が持つべき安定した正しい心を持つことができない、という意味で、「無恒産、因無恒心（恒産無ければ、因って恒心無し）」と述べたが、今まさにそういう時代になっている。人々に「恒産」を与えることは、政治家や国の力に依らなければならないが、「恒心」を持つことについては、道徳上からも処世訓の立場からも勧めることができるし、また、そうしなければならないとも思っている。

日本の公共的な乗り物には、高齢者・病人・障害者などのために特別な席が用意されている場合が多い。ある時はそれを全廃しすべてが特別席であるべきだという考え方に立ち、人々の性善に期待するという動きもあったが、それは残念ながら成功しなかった。必ずしも「恒産」に恵まれている現代とは言えないが、人々が「恒心」と併せて「孝心」を持つようになるためには、あらゆる場で繰り返し繰り返し、二つの「こうしん」の重要性を説いていくことが必要であろう。

日本のみならず中国においても、私の見聞するところ、近ごろは儒教の教えが影を潜め、利己的な自己中心主義と拝金主義とが重なり、モラルの低下が甚だしい状況になっている。こうした現状を重く見た中国の中央政府と地方政府は、「孔子研究所」を作ったり、学校教育に孔孟思想の学習を取り入れたりしている。

儒教の教えは古い、と儒教のすべてを切り捨てようとする意見があるが、儒教の中には現代社会にも相通じる貴重なものが多く含まれていることを認識しなければならない。重要なことは、儒教の思想を現代社会に合わせてどのように活用するかであり、否定的な側面をあげつらったり誇張したりすることではない。とくに、「孝」の重要性をあらためて認識し、それを古典の中に見いだすことによって、「愛」と「慈しみ」の大切さを思い起こすことにしたいと思う。

では、①『孝経』および、②『荘子』に述べられた「孝」に関する一節を引用してこの項のまとめとする。

『孝経』(聖治章・三)には、

父子之道、天性也。③君臣之義也。父母生之、続莫大焉(親子のあるべき道は、天から受け継いだものである。そこには君臣のあり方が含まれている。父母が子を生み出したのであり、生命が引き継がれていくことほど大いなる価値を持つものはない)

とある。ここで注目すべきは、「孝」が「忠」より優先されていることだ。次に、『荘子』(人間世篇・第四)を挙げるが、ここには孔子のことばが引用されている。

仲尼曰、天下有大戒二。其一④命也、其一⑤義也。子之愛親命也、不可解於心。臣之事君義也、无適而非君也、无所逃於天地之間(孔子が言うには、この世の中には二つの大きな戒めごとがある。その一つは運命であり、もう一つは道義である。子が親を愛するのは運命であり、子の心からそれを解き放すことはできない。臣下が君主に仕えるのは道義であり、どこへ行っても君主でなくなることはない。世の中のどこに行っても、この二つの大きな戒めごとからは逃れられる所はない、と）

この一節でも、やはり「孝」が運命的・根源的で、最も大切なものだと解かれている。

注

①孝経…中国の経書。一巻。中国古代の孝道について、孔子とその門人の曾子が交わした問答を、曾子の門人が記述したものとされている。

②荘子…中国、戦国時代の思想書。三十三篇。荘周とその後学の著とされる。『老子』と併称される道家の代表的な書。内篇七、外篇十五、雑篇十一から成る。内篇は多くの寓話によって、万物斉同であらゆる差を超越することを説き、外篇・雑篇は内篇の説くところを敷衍したもの。

③君臣之義也…「君臣之義也」は、父子の道は「君臣の義なり」という事実を示しているのであるが、事実ということは、それがそこに在るということなので、父子の道の中に「君臣の義あり」ということになる。すなわち、「父子の道」は「天性」のものであるが、そこに「君臣の義あり」となる。『御注』は「又（その上に）君臣の義有り」とあえて、「有」字を加えて解している。訓読の「君臣の義あり」の「あり」は意味上から訓《よ》んだものである。「君臣之義也」の「也」は言い切りの助字で、この「也」を「なり」と訓むことが多いが、事実の提示である。（加地伸行 著　講談社文庫『孝経・全訳注』六十九頁より引用）

④命…自然必然的に人間存在を規制するさだめであって、人の力ではどうしようもないもの、したがって人はただそ

れに随順していくより外はないものである。聖人はそれを主体的に受け止めて随順していくが、凡人は私智をたくましくしてそれに逆らい、身の破滅をもたらしている、と考えられた。（金谷 治 訳注 岩波文庫『荘子・第一冊・内篇』六十九頁より引用）

⑤義…社会生活の場で守るべきものとして存在する規範のこと。（同右の書より引用）

孝の勧めかた

中国、元の時代、郭居敬は、古今の孝子二十四人を選んで、「孝」の勧めの書として、『二十四孝』[1]を書いた。その書は中国において一定の効果を挙げたようだが、日本ではどのように受け止められていたのだろうか。そのあたりを若干の資料をもとにさぐってみることにする。日本では、江戸時代に、「忠」とともに「孝」の重要性が大々的に宣伝され、多くの庶民向けの書物、子ども向けの絵入りの教訓書などが次々に刊行された。その中の一つに、孟宗の「哭竹生笋」があり、それの日本語版も作られた。それは、

孟宗は、いとけなくして父に後れ（幼いころに父に先立たれ）、ひとりの母を養へり（養っていた）。母、年老てつねに病みいたはり（いつも病気がちであったので）、食の味は度毎《たびごと》に変りければ、よしなき物を望めり（どうしようもないものを望んだ）。冬のことなるに（であるのに）、竹の子をほしく思へり。即ち孟宗（すぐに孟宗は）、竹林に行きもとむれ共（探したけれども）、雪深き折なれば、などかたやすく得べき（どうして簡単に探すことができようか）。ひとへに天道の（ひたすら神様の）、御あはれみ頼み奉るとて（御慈悲をお頼み申し上げるといって）、祈りをかけて大きに悲しみ（願を掛けて大いに悲しみ）、竹に寄り添ひける所に、にはかに大地ひら

けて（急に地面が開いて）、たけのこあまた生出侍りける（竹の子がたくさん出てきました）。大きに喜び、即（すぐに）ち取りて帰り、あつもの（熱いお吸い物）をつくり、母に与え侍りければ、母、是を食して其のまま病もいへて（病気も治って）、齢をのべたり（長生きをした）。是ひとへに（これはまさに）、孝行の深き心に感じて、天道より与へ給へり（神様がお与えになったのだ）

というものだが、それは荒唐無稽な話というべきもので、信じがたい内容を持っている。『二十四孝』の日本語版に見る他の孝行譚も多くが現実にはあり得ない設定になっている。それらの話を信じる子どももいただろうが、説得力のあるものであったとは言いがたい。むしろ、多くの場合、滑稽なたとえ話として受け止められていたのではないだろうか。それが証拠に、次のような狂歌まである。

孝行を人にとられて情けなや親にわかるる雪の竹の子（『万代狂歌集』）

竹には竹の子という子がいるし、竹の子にも竹という親がいる。この狂歌は、「親孝行をしたくても、孝行を人間に取られて情けないことだ。親と別れなければならない雪の中の竹の子は」というような意味に解釈すればいいのであろう。孟宗の「哭竹生笋」という孝行譚をパロディー化してしまったのである。

また、安永六年の『鹿子餅後篇・譚嚢』（興津要篇『江戸小咄』講談社文庫）には、「孟宗」という笑話が載っている。それは、

「絵などにある、雪降りに竹の子を掘ってゐるが孟宗とやらか」
「ヲヲよ。おのしはまだそれを知らぬか。三つ子でも知って居ることを」

「おれも三つ子のときは覚へてゐたが、四つ子のときから忘れた」

というものだ。こういう点からしても、江戸時代の庶民にとっては、この話が孝行の勧めになっていなかったし、少なくとも心に残るものではなかったと言えよう。

孝を勧めるに当たって、上記のような極端な孝の例を示したり、上から押し付けたりするようなことは、しばしば逆効果になるものだ。かつては、中国の『二十四孝』や、日本の[2]『本朝廿四孝』などがそれなりの教訓性と劇的な要素を持っていたので、孝行の教訓書としてもてはやされたこともあったが、極端で非現実的な内容を含んでいたので、人々の間に広く深く、そして永く定着するものとはならなかった。孝行というものは本来、必然的・自然発生的に身についていく要素が大きいので、上から押し付けてもなかなか効果が得られるものではない。幼い子どものうちから徐々に、親や周囲の者たちが育むというあり方が最もよいのではないかと思っている。

近世においては、例えば、『[3]誹風柳多留』(二十二)の「孝行のしたい時分に親はなし(親の苦労がわかる年齢になって、親孝行がしたいと思っても、もう亡くなってしまって間に合わない)」というたとえとか、「孝は百行の本(親孝行は、あらゆる行いの大もとである)」というような簡単で短い格言などによって孝行の大切さが説かれた。また、寺子屋においては、手島堵庵のわかりやすい心学書なども用いられて、「孝」が説かれた。人々に身近な例をもとにして、わかりやすい短いことばで、孝行の大切さを説く方が効果があるのではないかと思われる。その点では、この『売卜先生糠俵』も、難しい儒教や道教の教えなどが潜んではいるものの、常識的でわかりやすい例がたくさん取り上げられているので、庶民にも説得力のあるものとして受け止められていたことだろう。

では、近代の人は、中国の『二十四孝』に取り上げられた孝行譚をどう受け止めたのだろうか。そこで、中国の偉大な近代作家として知られる、魯迅の受け止め方を一つの例として取り上げ、それを参考に供したいと思う。

人にねだって二十四の話を全部ききおわった時、「孝」がどんなにむつかしいかがわかって、それまで子ども心に何となく、孝行な子になろうと考えていた計画が完全に望みを絶たれたからである。

（中略）

「竹林に哭して筍を生ず」（孟宗の故事）となると、いささか疑問だ。私の真心が天地を感動させて、厳冬に筍を生ぜしめるほどの自信はない。しかし哭しても筍が出て来なければ面目がつぶれるだけの話だ。これが「氷上に臥して鯉を求む」（王祥の故事）となると、生命の危険がある。私の郷里は気候があたたかく、厳冬でも水面に薄氷がはるだけである。たとい子どもの体重がどんなに軽かろうと、その上に寝たのでは、バリッと氷が割れて水の中へ落ちてしまう。鯉が泳いで来るまで待てたものではない。むろん、生命をかえりみぬ心がけが大切なので、かくてこそ神明を感動させ、思いがけぬ奇蹟が出現するということなのだが、そのころ私はまだ小さくて、そこまでは考え及ばなかった。（中略）

もう一人……郭巨の息子の方は、これまた同情に堪えない。彼は母親の腕に抱かれて、ニコニコ笑っているが、彼の父親は、いましも彼を埋めるために穴を掘っているのだ。その説明に云う。「漢の郭巨、家貧し。子あり、三歳なり。母かつて食を減じて之に与う。子また母の食を分つ。盍《なん》ぞ此を埋めざる？」ただし劉向（漢代の人）の『孝子伝』の記載は、これと若干のちがいがあり、巨の家は金持ちだったが、二人の弟に全部くれてやったことになっている。また、子どもは生まれたばかりで、まだ三歳になっていない。しかし結末はほぼ同様で、「坑《あな》を掘ること二尺に及んで、黄金一釜を得。上に云う天、郭巨に賜う、官も取ることを得ず、民を奪うことを得ず、と」

私は最初、その子どものことが気がかりで、手に汗を握った。黄金一釜が掘り出されて、やっとホッとした。だが私はもう自分が孝子になる気がなくなったばかりでなく、父が孝子になったら大変だという気がした。そのころ私の家は左前になっていて、父母がしょっちゅう食いぶちの心配をしているのが耳にはいった。それに祖母は年老いている。もし父が郭巨のまねをする気になれば、埋められるのはこの私ではないか。もし郭巨のときと同様に一釜の黄金が掘り出されれば、むろん、この上ない仕合せである。だが、そのころ私はまだ小さくはあったが、世の中にそんなうまい話はザラにあるものではない、というくらいの智慧はあったと思う。（中略）

あのころは私はほんとうにこわかったのだ。もし深い穴を掘っても黄金が出て来ず、「ヤオクートン（子供玩具のガラガラ）」といっしょに埋められて、土をかぶせられ、しっかり踏み固められてしまったら、もうどうしようもないではないか。私は、それが必ず実現することとは思わなかったが、それにしても、その後は父母が貧を嘆くのをきくのがこわかったし、白毛頭の祖母の顔を見るのがこわかった。祖母は、私とは両立しない人間、少なくとも、私の生命のさまたげになる人間であるという気がしてならなかった。その後、この印象は日ましに薄くなったが、痕跡は残っていて、それが祖母のなくなるまでつづいた――おそらくこれは『二十四孝図』を与えてくれた儒者の夢想だにしなかったことだろう。

（『朝花夕拾』より　魯迅選集第二巻　竹内好訳　岩波書店）

かの魯迅の場合でも、「竹林に哭して筍を生ず」という孟宗の故事については、「いささか疑問だ。私の真心が天地を感動させて、厳冬に筍を生ぜしめるほどの自信はない」と述べ、「氷上に臥して鯉を求む」という王祥の故事については、「生命の危険がある」とまで、踏み込んで描写している。

なお、魯迅はその処女作『狂人日記』（一九一八年発表）で、「病気は迫害狂の類で、話がすこぶるこんがらがり、筋が通らず出鱈目が多い」という前置きをして、

妹はアニキに食われた。母は妹が無くなったことを知っている。わたしはまあ知らないことにしておこう。母も知ってるに違いない。が泣いた時には何にも言わない。大方当り前だと思っているのだろう。そこで想い出したが、わたしが四五歳の時、堂前に涼んでいるとアニキが言った。親の病には、子たる者は自ら一片の肉を切取ってそれを煮て、親に食わせるのが好き人というべきだ。母もそうしちゃいけないとは言わなかった、（以上、井上紅梅訳）

と書いた。この作品は、人が人を食う話を述べたものだが、それと同時に、孝行譚の一つとして、親が病気の場合、子は親に栄養をつけさせるために、自分の腕など体の一部を切り取って食べ物にしてさし上げるのがよい、という考えを示したものだ。これはあくまで「迫害狂の類」、すなわち、精神病者の日記という装いを取っているが、魯迅は「行き過ぎた孝」の例の一つとして挙げたものと思われる。魯迅は、こういう形の孝行は人々に益をもたらさず、かえって害を与えるものだ、ということを書きたかったのではなかろうか。

最後に、落語『二十四孝』を抜粋しつつ、『二十四孝』で示された孝行譚に対する、日本の庶民のとらえ方の一端をさぐることとする。この落語は、江戸時代に作られたものだが、現代に合うように口語訳され、さらに、加筆修正が行われている。なお、ここ登場するのは、『二十四孝』の意義を説く大家と、親不孝者で愚かな店子《たなこ》との掛け合いである。差別的な表現も散見されるがそのままの形で引用する。

「むかしから、親不孝をするようなやつにろくなやつはいねえ。いまのうちにせいぜい親孝行しておけ。孝は百行の基という…」

「へーえ、そうですかねえ」

「無二膏や万能膏のききめより、親孝行はなににつけても…」

「してみると、親孝行は、あかぎれやしもやけにもききますか？」

「なにをばかなことをいってるんだ…孝行のしたい時分に親はなし、というぞ」

「そうですかねえ」

「さればとて、④墓石《いし》にふとんも着せられず」

「ふーん、なるほど」

「わかったか」

「わかりません」

「わからねえで感心するやつがあるか。子と生まれて親を大事にするのが人の道だ。むかしはな、親孝行でごほうびをもらった者がたくさんいたな」

「へーえ、親孝行なんてもうかるもんなんですねえ」

「なにをいってる。もうかるってえやつがあるか。なんでもいいから、親を大事にしろ」

（中略）

「じゃあ、どんなことをすりゃあいいんで？」

「どんなことといって…そうさなあ…唐《もろこし》の二十四孝を知ってるか？」

「じまんじゃねえがしりません」

「そうか、じゃあ、この中で、おまえにわかりやすいのをはなしてやろう…王祥《おうしょう》という人があった」

「ああ、寺の？」

「和尚じゃねえ。王祥という名前の人だ。この人は継母につかえて大の孝行、寒中のことだ。おっかさんが鯉が食べたいとおっしゃったが、貧乏暮らしで鯉を買えない。そこで、釣り竿を持って池へ釣りに行ったのだが、厚い氷が張っているので釣ることができない。しかたがないから、はだかになって氷の上へ腹ばいになって寝たんだ」

「へーえ、あざらしみてえな野郎ですね。つまり、氷の上へ寝るのが趣味なんだ」

「ばかっ、そんな趣味があるもんか。からだのあたたかみで氷をとかそうてんだ」

「つめてえねえ、そりゃあ…で、どうしました？」

「氷がとけてな、そこから鯉がとびだしたので、これをおっかさんへさしあげて孝行をした」

「うふっ、笑わしちゃいけねえ。そんなばかなはなしがあるもんか」

「どうして」

「だって、そうじゃありませんか。うまく鯉がとびだすだけの穴があいたなんて…からだのあたたかみで氷がとけたんなら、てめえのからだごとすっぽりと池の中におっこちるのがあたりめえだ。もしも泳ぎを知らなかろうもんなら、あえなくそこで往生（王祥）する」

「なにをくだらねえしゃれをいってるんだ。おまえのような不孝者ならば、あるいは一命をおとしたかも知れないが、王祥は大の親孝行だ。その孝行の威徳を、天の感ずるところでおちっこない」

「へーえ、そうですかねえ。てえしたもんだ。ほかにありますかい？」

（中略）

「このほかに郭巨《かっきょ》という人がいた」

「ああ、足がむくむやつだ」

「なんだい？」

「脚気《かっけ》だって…」

「脚気じゃあない、郭巨…この人にも一人のおっかさんがあった」

「まただばあですかい」

「女房に子どもがいた」

「その他おおぜいってやつだ」

「いたって貧乏だ」

「よくもあきねえで、ばばあと貧乏がついてまわるもんだ」

「郭巨夫婦が食うものも食わないで、『おっかさん、これをおあがんなさい』というようにしているが、おふくろは孫をかわいがって、自分が食べないで孫にやってしまう。わが子のあるために母へ十分に孝行をつくすことができない。子のかけがえはあるが、親のかけがえはない。夫婦相談の上、かわいそうだが、子どもを生き埋めにしようということになった」

「ひでえことをするもんですねえ…それで？」

「山へつれてって子どもを埋めようというんだが、さすがに親子の情にひかれて、一鍬《ひとくわ》いれては涙をうかべ、二鍬目には落涙をなし…」

「三鍬いれては、くしゃみをし…」

「よけいなことをいうな…折りから鍬のさきへガチッとあたったものがある」

（中略）

「掘ってみると釜が出た」

「釜飯屋の焼けあとですか?」

「そうじゃあない。金《きん》の釜がでたんだ」

「へーえ、ぜいたくな釜だ。そんな釜でめしをたいたらうめえでしょうね?」

「いや、その釜じゃあない。金のかたまりを一釜、二釜という」

「へーえ、そうですかい」

「掘り出してみると、天、郭巨にあたうるものなり、他の者これをむさぼるなかれと書いてあった。すぐにこれをお上《かみ》へとどけると、おまえにさずかったものだというので、これが自分のものになり、たちまち大金持ちになったというＪ
「しかし、あてずっぽうに掘ってよく掘りあてましたねえ」

「そこが天の感ずるところだ」

「しまった。感ずろうとおもっているうちに、さきに感ずかれちゃった。こすいや、大家さん」

「こすいってやつがあるか…まあ、おまえもこれからはあんまり酒を飲まないで親孝行をしなよ」

「ええ、親孝行をやります。やってりゃあいくらもうかりますか?」

「なんだい、もうかるてえやつがあるか…しかし、さっきもいったように、むかしは青ざし五貫文という、ごほうびの金をお上からくだすったものだ」

「いまはどうなんです」

「いまはそういうことはないが、おまえが親孝行するようになれば、わたしから小づかいぐらいはやろうじゃないか」

「ああそうですか。そいつはどうもすいません。じゃあ、さっそく親孝行にとりかかりますから…ありがとうございました…」（後略）

（興津 要篇　講談社文庫『古典落語・続』（三十一〜三十九頁のうちから、適宜抜粋）

この落語では、『二十四孝』で書かれた孝行譚について、その非現実性を笑い飛ばす庶民の様子が露わに示されているが、一方で、孝行の大切さもさりげなく説かれている。この落語では、『二十四孝』が笑いのもとになっているが、笑いの中に孝の大切さを説く要素も見受けられる。少なくとも、いままで孝行にまったく感心のなかった愚か者がほうびをもらうためとはいえ、親孝行をしようという気持ちになっていくところに一つの存在意義があるといえよう。孝を大上段に振りかざすのではなく、このように笑いに交えたさりげない形で孝を説いていくというのも一つの方法かも知れない。

あるいは、スローガン的というそしりも受けようが、孝を説くわかりやすいことばをキャッチコピーのようなものにして、広げていくことも効果があるかも知れない。ただ、その際に必要なこととして、対等平等を重んじる現代社会においては、上からの押し付けという形であってはならない。草の根の下からの運動というのが望ましいだろう。社会の公器たる新聞・雑誌やテレビなどを使うのもよいだろうが、最近では、インターネットの力が非常に大きい。ブログなどを通して静かにかつ大きく広がっていくことを期待したい。

その際に、儒教書に繰り返して見られるいくつかのことば、例えば、仁（愛と慈しみ）・義（筋道だった道義）・礼（社会生活の規範）・智（善悪を知る心）信（欺かない心）・孝（親を思いやる心）などに関することばで、現代の人々の心に残るような斬新なものが登場することを期待してやまない。

注

①二十四孝…中国で古来有名な孝子二十四人の称。虞舜《ぐしゅん》・漢文帝《かんのぶんてい》・曾参《そうしん》・憫損《びんそん》・仲由《ちゅうゆう》・董永《とうえい》・剡子《えんし》・剡子《ぜんし》・江革《こうかく》・陸積《りくせき》・唐夫人《とうふじん》・呉猛《ごもう》・王祥《おうしょう》・郭巨《かくきょ》・楊香《ようこう》・朱寿昌《しゅじゅしょう》・庾黔婁《ゆけんろう》。老莱子《ろうらいし》・蔡順《さいじゅん》・黄香《こうこう》・姜詩《きょうし》・王褒《おうほう》・丁蘭《ていらん》・孟宗《もうそう》・黄庭堅《こうていけん》のこと。

②本朝廿四孝…浄瑠璃の一つ。近松半二ほか合作の時代物。一七六六年初演。武田・上杉両家の争いに絡んで両家の子女の恋、中心の活躍などを描く。謙信館の十線香・狐火の段が最も有名。のちに歌舞伎化された。中国の二十四孝の故事を踏まえて作られた。

③誹風柳多留…川柳集。百六十七冊。一七六五～一八三八年刊行。二十二篇まで呉陵軒可有《ごりょうけんあるべし》篇、二十四篇まで、柄井川柳の評。初篇は川柳評前句付「万句合《まんくあわせ》」から独立した佳句七百余りを選んだもの。この「誹風柳多留」の流行により、前句付けの付け句が次第に前句を離れて独立するようになり、川柳として確立していく。江戸の風俗資料としても貴重。

④墓石にふとんも着せられず…親が死んでしまった後で、寒いだろうからと思って、親の墓石に布団を掛けても何もならない。親の生きているうちに孝行をせよという教え。「孝行のしたい時分に親はなし」と同じ。

【底　本】

○版本『見通・卜筮 売卜先生糠俵 全』虚白斎著、安永六年（一七七七年）・京都書林刊（恩田満所蔵）

【参考文献】

①諸橋轍次『中国古典名言辞典』講談社学術文庫・講談社・二〇〇六年
②加地伸行『論語』講談社学術文庫・講談社・二〇〇七年
③貝塚茂樹『孟子』講談社学術文庫・講談社・二〇〇七年
④貝塚茂樹『孝経』講談社学術文庫・講談社・二〇〇七年
⑤金谷　治『老子』講談社学術文庫・講談社・二〇〇四年
⑥金谷　治『荘子』岩波文庫・岩波書店・二〇〇六年
⑦金谷　治『大学・中庸』岩波文庫・岩波書店・二〇〇六年
⑧森　三樹三郎『老子・荘子』講談社学術文庫・講談社・二〇〇六年
⑨宇野哲人『中国思想』講談社学術文庫・講談社・二〇〇一年
⑩貝原益軒、佐藤　友信　訳『養生訓』講談社学術文庫・講談社・二〇〇五年
⑪石川　謙『石田梅岩と都鄙問答』岩波新書・岩波書店・一九六八年
⑫石田梅岩、足立　栗園　校訂『都鄙問答』岩波文庫・岩波書店・二〇〇七年

⑮白石正邦 編『手島堵庵心学集』岩波文庫・岩波書店・一九九五年
⑯『近世庶民教育思想・石門心学・下』日本教育思想大系・七・誠進社・一九七九年
⑮『石門心学』日本思想体系・四二・岩波書店・一九七一年
⑯『日本史資料〔3〕近世』歴史学研究会編・岩波書店・二〇〇六年
⑰『日本国語大辞典・縮刷版』（第一巻〜第十巻）・小学館・一九八二年
⑱『広辞苑・第五版・逆引き広辞苑・電子版』岩波書店・二〇〇五年
⑲児玉幸多 編『毛筆版・くずし字解読辞典』東京堂出版・二〇〇六年
⑳『故事・俗信・ことわざ大辞典』小学館・一九八二年
㉑『古語大辞典』小学館・一九八五年
㉒前田　勇 編『江戸語の辞典』講談社学術文庫・講談社・二〇〇六年
㉓松村　明 編『日本文法大辞典』明治書院・一九七一年

■著者紹介

恩田　満（おんだ　みつる）

1943年東京都に生まれる。早稲田大学・国文科卒業、同大学国文専攻科修了。名古屋大学大学院・国際言語文化研究科修了。愛知淑徳高等学校教諭、学校法人・河合塾講師、中国・安徽大学教授などを歴任。現在、ピリピノ語研究所代表。主な著書に、『パターン43で覚える古典文法』（文英堂）、『マーク式基礎問題集・古文』『コゴタロウ古語・用法・文法200』『コゴタロウ古語・用法・文法300』（以上、河合出版）などがある。

E-mail：ondenman@hotmail.com

占い師「売卜先生」の講話

―孝行と信義のすすめ―

2008年10月24日　初版第1刷発行

■著　　者――恩田　満
■発 行 者――佐藤　守
■発 行 所――株式会社 **大学教育出版**
〒700-0953 岡山市西市855-4
電話（086）244-1268　FAX（086）246-0294
■印刷製本――サンコー印刷㈱
■装　　丁――原　美穂

ISBN978－4－88730－870－1